Penser L'Univers

Licencié de mathématiques et docteur ès sciences, Jean-Pierre Verdet entre en 1963 à l'Observatoire de Paris, où, après avoir étudié la couronne solaire, puis le rayonnement infrarouge des planètes, il dirige le Département d'astronomie fondamentale. De 1976 à 1997, date à laquelle il a quitté l'Observatoire, il a consacré l'essentiel de son activité à l'histoire de l'astronomie. Il a publié notamment *Introductions à l'astronomie de Copernic* (Blanchard, 1975), *Une histoire de l'astronomie* (Le Seuil, 1990), *Astronomie et astrophysique*, ("Textes essentiels", Larousse, 1993), *Histoire de l'astronomie ancienne et classique* (PUF, 1998).

Tous droits de traduction et d'adaptation réservés pour tous pays
© Gallimard 1998

ISBN : 2-07-053423-5
Numéro d'édition : 82658
Dépôt légal : avril 1998
Imprimerie : Hérissey, à Evreux
Numéro d'impression : 80000

Jean-Pierre Verdet

Penser l'Univers

Découvertes Texto/Gallimard

Sommaire

8   Introduction générale

12   **I - Cosmogonies mythiques**

Aussi loin que l'on remonte dans l'histoire des hommes, on trouve des cosmogonies.

16   L'Égypte
20   La Mésopotamie
26   Israël
29   La Grèce d'Hésiode

34   **II - Les présocratiques**

Les présocratiques sont les premiers penseurs grecs, entre le VIIe et le Ve siècle av. J.-C., à avoir substitué un discours philosophique au discours mythologique.

37   **L'école de Milet**
37   Thalès
39   Anaximandre
42   Anaximène

43	Héraclite
45	**L'école d'Italie**
46	Pythagore
47	Philolaos
49	Archytas
51	Parménide
54	Empédocle
56	**L'école d'Abdère**
56	Leucippe
59	Démocrite

62   III - La science grecque

On considère généralement que la science grecque naît avec Socrate. Dès le IVe siècle av. J.-C., de vastes systèmes apparaissent, visant à une explication totale et rationnelle du monde.

65	Platon
69	Aristote
76	**L'école stoïcienne**
76	Diogène Laërce
79	Plutarque et Cicéron
82	**L'école épicurienne**
82	Lucrèce
86	Ptolémée

Sommaire

92 IV - Le Moyen Âge

Au Moyen Age, la science grecque ne sombre pas complètement dans l'oubli. Avant même le XIe siècle, quelques personnalités exceptionnelles prennent la relève de la science antique. Vient ensuite le temps des traductions et des progrès qui les accompagnent.

95 Thâbit ibn Qurra
98 Giovanni Dondi

102 V - La Renaissance

Le *De revolutionibus* de Copernic, publié en 1543, marque le début d'un grand mouvement scientifique qui balaiera la science grecque jusque dans ses fondements et ouvrira la voie à la science classique.

105 Nicolas Copernic
109 Johannes Kepler
113 René Descartes

120 VI - La science classique

L'œuvre de Newton est à la fois l'achèvement de la révolution copernicienne et l'inauguration de la science classique dont le domaine phare sera la mécanique céleste analytique. Le langage dans lequel s'écrit le livre du monde est le langage mathématique, et plus spécialement celui de l'analyse.

Sommaire

123 Isaac Newton
131 Thomas Wright
137 Emmanuel Kant
142 Jean Henri Lambert
145 Heinrich Olbers

150 VII - Cosmologie contemporaine

Le triomphe de la science classique, la découverte, en 1846, par le calcul, d'une nouvelle planète, précèdent de peu la remise en cause de ses fondements mêmes : les notions de temps et d'espace absolus. Einstein sera le principal artisan de cette révolution, à l'instar de Copernic, et d'un nouveau système du monde, à l'instar de Newton.

154 Georges Lemaître
162 Albert Einstein
169 Thomas Gold et Hermann Bondi

176 Annexes

178 Sources
180 Bibliographie
182 Chronologie
188 Index
190 Table des illustrations

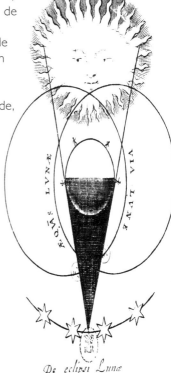

De eclipsi Lunæ

Introduction générale

Si l'univers est inimaginable, il doit néanmoins être pensable puisque non seulement la réflexion cosmologique est présente dans les premières traces des manifestations de l'intellect, mais qu'elle y tient une place prépondérante. Certes, même si la science du ciel se distingue de toutes les autres par le fait qu'elle est de pure observation (sur les astres aucune expérimentation n'est possible), il est tout aussi légitime de parler d'un objet céleste que d'un objet terrestre. Mais lorsqu'elle ose s'attaquer au Tout, la raison devrait reculer devant le conflit où elle s'engage nécessairement.

Ainsi, à ceux qui opposaient à la finitude de l'univers l'énigme du sort de la flèche d'Archytas, qui file jusqu'au bout du monde, heurte et transperce l'enveloppe ultime, Aristote, arguant de l'immobilité de la terre, rétorquait que le "corps du monde", soumis à la révolution circulaire, est nécessairement limité dans son étendue totale, sans quoi les étoiles devraient parcourir une distance infinie dans le temps fini des vingt-quatre heures de la rotation quotidienne. Et, à ceux qui insistaient et exigeaient de connaître le sort de la flèche, Aristote répondait que la question était sans objet, puisque "hors de la dernière sphère, il n'y a ni vide, ni lieu". Tout comme aujourd'hui, à l'importun qui, insensible à la beauté mathématique des équations relativistes de l'espace-temps, s'inquiète de l'état du monde avant l'instant t_0, ou des coordonnées du point d'où tout est parti, le cosmogoniste répond aussi superbement que toute interrogation physique avant la singularité de l'instant zéro est dénuée de sens physique, puisque le big-bang est justement l'entrée du monde dans le temps, et que l'univers ne s'étend pas dans l'espace, comme un vulgaire ballon dans un magasin de chaussures ou comme un cake gorgé de fruits confits dans un four, mais qu'il est l'espace s'étendant lui-même. Autant lui dire que le big-bang s'est produit partout et qu'il n'a jamais eu lieu.

Introduction générale

Ainsi, sans se bercer de l'illusion de croire qu'ils voyaient tout l'univers, mais se berçant de celle qu'ils en observaient un échantillon suffisamment important pour être représentatif du Tout, les hommes se donnèrent des catégories (que ce soit celles de la mythologie, ou celles de la théologie, de la philosophie ou des mathématiques) pour penser le monde dans sa totalité, et élaborèrent des cosmologies, c'est-à-dire des systèmes physiques régissant l'univers. Bien plus, avant même de penser sa structure, dès les temps de la pensée mythologique, ils racontèrent la naissance du monde. Ils imaginèrent l'origine des origines : ils se firent cosmogonistes. Un mouvement vite arrêté par le triomphe sans partage de la physique aristotélicienne : si pour Aristote le monde est fini quant à sa grandeur, il est éternel, sans début ni fin, quant à sa durée. Il faudra attendre Copernic pour que, la sphère des étoiles étant immobilisée, le débat sur l'infinitude du monde soit relancé, et Galilée, dont les découvertes télescopiques et les recherches sur la chute des corps donnèrent définitivement congé à la physique aristotélicienne, pour que, de nouveau, s'échafaudent des cosmogonies.

Descartes osera le premier et composera, entre 1629 et 1633, un *Traité du monde*, que le procès et la condamnation de Galilée, en cette même année 1633, l'inciteront à ne pas publier. C'est donc dans un climat tendu que l'astronomie nouvelle va prendre son essor au XVIIe siècle, et la cosmologie restera un des terrains d'affrontements privilégiés, même si rapidement les combats seront plus feutrés que ceux qui menèrent Galilée devant le Saint-Office. Il suffit, pour s'en convaincre, d'observer aujourd'hui l'âpreté des polémiques sur l'expansion de l'univers et surtout sur le big-bang. Si de nos jours les astronomes n'entrent plus directement en compétition avec les théologiens, la cosmologie et la cosmogonie restent les chapitres de l'astronomie où les *a priori* philosophiques, qu'ils soient liés à une métaphysique religieuse ou à une dialectique matérialiste, sont les plus prégnants. Le fil qui relie la théorie à l'observation est, en ce domaine, si ténu qu'il est toujours prêt à se rompre. Les plages d'ombre sont si nombreuses et si étendues, celles de lumière si lacunaires et si incertaines, que le danger de voir la spéculation venir combler les vides est permanent. Pourtant la cosmogonie est une science, même si, comme l'a dit Poincaré : "Nous devrions peut-être attendre pour chercher une solution que nous en ayons patiemment rassemblé les éléments, et que nous ayons acquis par là quelque espoir sérieux de la trouver ; mais si nous étions si raisonnables, si nous étions curieux sans impatience, il est probable que nous n'aurions jamais créé la science." En tout cas certainement pas la cosmologie.

Bien peu, d'ailleurs, de la Renaissance à la période contemporaine, oseront l'aventure d'une réflexion sur la naissance du monde ou sur son infinité ; si ce n'est Olbers, quant à l'infinité, et Kant, quant à l'origine. Kepler, qui, deux siècles plus tôt, eut la hardiesse de rechercher la structure du monde et pensa avoir levé le secret du plan divin, ne s'était pas préoccupé du processus physique de la création et était resté partisan d'un monde non seulement fini mais de dimension très modeste. Dans son *Épitome*, il estime la valeur du rayon de la sphère étoilée à 60 000 000 rayons terrestres. Plus surprenante est la faible valeur qu'il attribue à l'épaisseur de la sphère étoilée : le six millième du rayon du soleil, estimé, lui, à 15 rayons terrestres, soit une dizaine de nos kilomètres ! L'univers est enfermé dans une infime pelure d'oignon et les étoiles ne sont que des amibes. On pourra s'étonner que Galilée n'ait pas trouvé sa place dans cette anthologie. Certes, dans la diffusion du copernicianisme et dans la naissance de la physique classique, sa place est importante, mais il ne fut ni un astronome au sens strict du terme, ni un cosmologiste, ni un cosmogoniste. Et, du pythagoricien Petron, qui le premier imagina des mondes multiples, à Willem de Sitter, qui décrivit l'expansion d'un univers vide, ceux qui apportèrent leur contribution à cette quête jamais achevée sont innombrables.

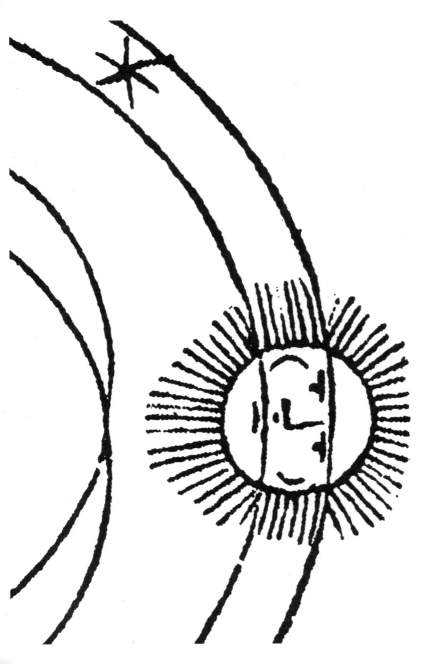

1. Cosmogonies mythiques

Aussi loin que l'on remonte dans la mémoire des hommes, on croise des cosmogonies : les tablettes mésopotamiennes, les bas-reliefs des pyramides et les peintures des sarcophages égyptiens content l'origine du monde. Et ce que les scribes fixent pour la première fois dans l'argile ou la pierre, sur le bois ou le papyrus, ils le tiennent d'une longue tradition orale. La réflexion sur la totalité des choses et sur l'origine de cette totalité semble aussi ancienne que la pensée elle-même, et, à ses débuts, cette réflexion a pris la forme du mythe. Mais qu'est-ce qu'un mythe ? Pour la pensée occidentale, héritière en l'occurrence de la pensée grecque, le mythique a longtemps été défini par ce qu'il n'est pas : il s'oppose au réel, le mythe est donc fiction, et il s'oppose au rationnel, le mythe est donc absurde ! En grec, *mûthos* signifie "suite de paroles qui ont un sens, discours", et *logos*, "paroles, propos" ; deux sens très proches donc. Puis, par un lent glissement qui commence au VIIIe siècle et qui, avec Platon, s'achève au IVe siècle avant notre ère, *mûthos* a pris le sens de "fiction" (le mythe est un récit merveilleux), et *logos*, celui de "raison immanente" (la logique est la science de la raison). C'est dire que la mythologie que nous offrent Homère ou Hésiode est déjà "dénaturée" par un travail sur une matière qui leur était en partie obscure. En revanche, pour les sociétés dites "primitives" et "traditionnelles" ou "archaïques", et pour les premières civilisations du Proche-Orient, le mythe est l'expression de la vérité absolue. Le mythe raconte les actes des dieux ou des êtres surnaturels ; il raconte une histoire sacrée à des hommes pour qui le sacré est le réel par excellence : le mythe est donc l'expression même de la réalité. Ou, plus exactement, l'expression même des réalités,

Cosmogonies mythiques

car le mythe dit comment quelque chose est venu à l'existence que ce soit le monde dans sa totalité ou une plante, que ce soit une institution ou un simple savoir-faire. Et c'est parce qu'il l'a dit que c'est la vérité : "C'est ainsi parce qu'il est dit que c'est ainsi", déclarent les Inuits Netsilik. Toutefois, si tout mythe narre une naissance, tout mythe n'est pas une cosmogonie, et si toute cosmogonie narre l'origine des naissances, tout mythe cosmogonique ne traite pas nécessairement d'une création au sens strict du terme (c'est-à-dire d'une création *ex nihilo*), mais le plus souvent, moins ambitieusement, d'un commencement. Dans la Genèse, le plus théologique des mythes cosmogoniques, archétype d'une cosmogonie où un Dieu unique crée, sans nécessité aucune, un monde auquel il est extérieur, un tel concept de création *ex nihilo* n'est pas formulé. Il faut attendre le Second Livre des Maccabées, récit du IIe siècle avant notre ère qui ne faisait pas partie du canon scripturaire des Juifs, mais a été reconnu par l'Église chrétienne comme inspiré, pour trouver l'affirmation que le ciel et la terre ont été tirés de rien.

Le plus souvent le monde tel que nous l'observons est tiré d'une masse informe initiale signifiée par différents types d'images qui soulignent le caractère négatif de ce chaos, mais qui le présente aussi comme une totalité parfaite dont la rupture marque une entrée dans le temps et dans son œuvre destructrice ; nombre de mythes commencent par la phrase rituelle et paradoxale : "En ce temps-là, le temps n'existait pas." Selon un mythe japonais, au commencement le ciel et la terre constituaient ensemble un chaos qui avait pris l'apparence d'un œuf, alors que, dans la tradition akkadienne, le chaos prend la forme d'un monstre marin. La création va alors s'effectuer, dans le premier cas, par la division de l'œuf, dans le second, par le démembrement du monstre marin. Mais il est des cas où la totalité première n'est qu'une confusion qu'aucun qualificatif ne spécifie, où les choses à venir sont inextricablement mêlées. Ainsi dans la tradition sumérienne, au commencement le ciel

Cosmogonies mythiques

et la terre étaient confondus, et Enlil les sépara. Cette séparation du ciel et de la terre marque à la fois l'acte cosmogonique par excellence et la rupture de l'unité primordiale. Une rupture sans heurt, comme celle qu'effectua Enlil ou l'âme de Shou, ou une rupture brutale, comme celle de la castration d'Ouranos, ou encore dramatique et épique, comme celle qu'évoque le combat de Mardouk contre Tiamat et son armée de monstres.

Avant que l'on comprenne leur mécanisme, les éclipses, inquiétantes, étaient l'occasion de "vacarmes" destinés à chasser le monstre qui dévorait l'astre éclipsé, aussi bien dans les grandes civilisations que dans les sociétés tribales. En Mésopotamie par exemple, aux lamentations des femmes s'ajoutaient des concerts de chaudrons.

Cosmogonies mythiques

L'Égypte

Les plus anciennes traces d'une cosmogonie égyptienne nous viennent d'Héliopolis, ville où, comme son nom l'indique, on adorait le soleil : Atoum ; du moins portait-il ce nom en tant que disque solaire, mais en tant que soleil levant, il devenait Khépri, tandis que, parvenu au zénith, il prenait le nom de Rê. On peut suivre l'évolution de cette cosmogonie héliopolitaine à travers les Textes des pyramides, rédigés entre 2500 et 2300 avant notre ère, les Textes des sarcophages, entre 2300 et 2000, et le Livre des morts, à partir de 1500. Il s'agit en fait de textes funéraires censés garantir aux morts un destin heureux. On y trouve des salutations aux divinités primordiales et donc les traces de leur rôle dans la création du monde. Si le dieu Rê est à l'origine du monde, s'il le tire de lui-même – par masturbation pour les uns, par expectoration ou même par la parole pour les autres –, le monde organisé ne sort pas du néant, mais d'un magma antérieur indéfinissable, le Noun, contenant à l'état informe toute la matière qu'un démiurge ordonnera, magma informe comme le chaos d'Hésiode ou le tohu-bohu de la Genèse.

Avant la Création, rien n'existait, ni ordre ni désordre.

Ce [roi] a été mis au monde dans le Noun, alors que le ciel n'existait pas, alors que la terre n'existait pas, alors que rien n'existait [encore] qui ne fût établi, alors que le désordre [même] n'existait pas, alors que cette terreur qui devait naître de l'œil d'Horus ne s'était pas [encore] produite.
(Textes des pyramides, 1040 a-d)

L'Égypte

Je suis Atoum, quand je suis seul dans le Noun, mais je suis Rê quand il apparaît, au moment où il commence à gouverner ce qu'il a créé. Qui est-il ? – Rê au moment où il commence à gouverner ce qu'il a créé, c'est Rê qui commença d'apparaître en roi, alors que l'Exhaussement de Shou ne s'était pas encore produit. Il était alors sur la colline d'Hermopolis.
(Livre des morts, 17)

L'image la plus familière de la course du soleil dans le ciel est celle de la barque. Rê disposait de deux embarcations : pour le jour, la "barque des millions d'années" et, pour la nuit, la "barque de Mésektet", barque des morts.

Ce "roi", dont on ne sait ni d'où ni comment il est venu, va cracher le premier couple, Shou et Tefnout, à moins qu'il ne l'éjacule.

Salut à toi, Atoum ! Salut à toi, Khépri qui est venu de lui-même à l'existence ! Tu culminas en ce tien nom de colline, tu vins à l'existence en ce tien nom de Khépri. [...] Atoum-Khépri, tu as culminé sur la butte, tu t'es élevé sous la forme du Phénix, qui est maître du bétyle dans le Château du Phénix à Héliopolis. Tu as jeté un crachat qui est Shou, tu as lancé un jet de salive qui est Tefnout.
(Textes des pyramides, 1587 a-d et 1652)

Cosmogonies mythiques

Atoum s'est manifesté sous la forme d'un masturbateur dans Héliopolis. Il saisit son membre dans son poing : les jumeaux furent mis au monde, Shou avec Tefnout. [...] Ô Shou, fils d'Atoum, c'est toi le Grand [l'Ancien], fils d'Atoum, son premier rejeton. Atoum t'a craché de sa bouche. Il a dit : exhausse donc mes enfants.
(Textes des pyramides, 1248 et 1870-1872)

Puis Nout, le ciel, est séparé de Geb, la terre.

J'étais l'âme de Shou, lorsqu'il a soulevé Nout au-dessus de lui, Geb étant sous ses pieds. C'est moi qui me suis mis entre eux deux.
(Textes des sarcophages, II, 18)

Plus tard, un système plus élaboré introduisit les Héhou : personnages doubles, nés de Shou et tout aussi mystérieux que le chaos initial.

C'est moi qui suis Shou, créature d'Atoum-Rê, quand il est venu à l'existence ici. Je n'ai pas été modelé dans un ventre, je n'ai pas été formé dans un œuf par conception. Atoum m'a craché comme un crachat de sa bouche en même temps que ma sœur Tefnout ; elle est sortie à ma suite, tandis que j'étais enveloppé du souffle qui fait vivre les gorges. [...]
C'est moi qui ai engendré les Héhou qui se sont dédoublés en Héhou, Noun, Ténémou et Kékou. Ô ces huit Héhou qu'Atoum a fait des humeurs sorties de ses chairs, dont Atoum a fait les noms, lorsque fut créé l'échange de propos entre Noun et Atoum, en ce jour où Rê conversa avec Noun, disant : Héhou, Noun, Kékou, et Ténémou !"
(Idem, II, 19)

Shou (l'atmosphère) engendre et soutient Nout (le ciel), alors que Geb (la terre) est à ses pieds. Dans le panthéon égyptien, très tôt, le dieu solaire Rê commença d'absorber les autres divinités. La mythologie finit par regrouper Horus, Osiris et Rê. L'idée de dieu solaire devint tellement inséparable de l'idée de dieu d'État que toutes les divinités locales finirent par avoir un aspect solaire et par enrichir Rê de leurs qualités propres.

L'Égypte

À Hermopolis, en Moyenne-Égypte, s'est élaborée une cosmogonie où l'on retrouve les quatre personnages intermédiaires dédoublés en huit génies créateurs, l'Ogdoade.

> Puis, il fit que les Huit abordent à Hermopolis, tandis qu'ils devenaient vaches et taureaux selon leur nature : noir, vert […] et […] étaient les couleurs des taureaux et des vaches, de ceux-là à l'adresse desquels il cria : "Puissent-ils s'unir les quatre taureaux ! Puissent-elles s'unir les quatre vaches ! Puissent-ils s'unir aussitôt !" Les mâles devinrent un taureau noir, les femelles devinrent une vache noire. On leur donne comme nom : Amon et Amaunet ! Le taureau se précipita sur la vache si vite qu'il répandit sa semence sur l'eau dans le Grand Étang d'Hermopolis qui portait une fleur de lotus et un bouton de lotus […]. C'était la fleur de lotus en forme de scarabée, avec une tête de bélier. Elle prit la forme d'un enfant dont le doigt est sur la bouche. Il porte une couronne avec un uraeus. (Erichsen-Schott, pp. 348-356)

Cette cosmogonie introduit un lotus primordial d'où naît le soleil, mais, selon une autre tradition, le soleil est issu du "germe mystérieux que l'œuf-mère entourait".

Offrir le lotus. Recevez ce dieu qui est au cœur de sa pièce d'eau, qui a jailli de votre corps (ô Huit !). Le grand lotus sorti du Grand Étang, qui inaugura la lumière, lors de la première fois… Vous voyez sa lumière, vous respirez son parfum, votre narine est emplie de lui. […] Je vous apporte le lotus venu du marais, l'œil de Rê en personne dans

Cosmogonies mythiques

son marais, celui qui fait en lui la somme des Ancêtres ; qui créa les dieux antérieurs et fit tout ce qui existe en ce pays. Ouvrant les deux yeux, il illumine les deux terres, il sépare la nuit du jour. Les dieux sont issus de sa bouche et les hommes de ses yeux, toute chose ayant pris naissance par lui, l'enfant qui brille dans le lotus et dont les rayons font vivre tous les êtres.
(Edfou, IV, p. 139)

Je suis l'œuf qui était dans le ventre de l'oie nommée la Grande Criailleuse. J'étais ce gardien du grand poteau qui sépare Geb de Nout.
(Textes des sarcophages, III, 208-209)

La Mésopotamie

Dès la fin du Ve millénaire avant notre ère, au sud de la Mésopotamie, dans le bas pays marécageux qu'entourent le Tigre et l'Euphrate, commencent à s'établir les "empires" de Sumer et d'Akkad. Les Sumériens, venus d'on ne sait où et dont la langue ne se rattache à aucun groupe linguistique connu, et les Akkadiens, d'origine et de langue sémitiques, reconnaissent l'autorité de deux villes, l'une centre politique, Nippour, l'autre centre religieux, Eridou. Dès la première moitié du IIIe millénaire, les Sumériens se donnent Enlil comme dieu principal, Seigneur de l'atmosphère et Maître du monde. Il réside à Nippour en compagnie de la "Dame de la montagne", Nin-Khoursag. Mais bientôt Enlil sera détrôné par An, le dieu-ciel d'une autre cité religieuse, Ourouk. Les Akkadiens se donnent Mardouk comme chef d'une multitude de dieux. Pour Akkad, le monde n'existe que par et pour les dieux, ils sont la matière première d'un monde qui apparaît sans l'intervention d'un démiurge extérieur par simple différenciation de cette matière primordiale et éternelle : les eaux mêlées.

Si, pour Sumer, Enlil est le maître du monde, ce maître a un compagnon, Enki, dieu de l'eau et architecte de son propre temple.

La Mésopot..

Le seigneur de l'Abîme, le maître, Enki, Enki des destins, S'est construit son temple, tout de métal et de pierres rares. En métal et en pierres rares où le soleil étincelle Il s'est pour toujours installé un temple sur l'Abîme.
(Hymne à Eridou, I, 4)

Enki n'est pas qu'architecte, il est aussi ordonnateur du monde, créateur de la vie, l'Être sans qui nul être ne serait. Venant de l'Abîme, il naviguera vers un monde qu'Enlil a commencé d'installer.

Lorsque le ciel fut éloigné de la terre, Lorsque la terre fut séparée du ciel, Lorsque l'humanité fut semée, Lorsque le dieu-ciel eut installé le ciel, Lorsque Enlil eut installé la terre, Et que la déesse Ereshkigal eut reçu l'enfer en partage, Au temps où il naviguait, où il naviguait, Au temps où le Père naviguait vers le monde, Au temps où Enki naviguait vers le monde. [...]
En ce temps-là existait un seul arbre ; il y avait un arbre unique ; Le caroubier était l'arbre unique. Planté sur les rives saintes de l'Euphrate, Il buvait à l'Euphrate, Et le vent du sud se brisait sur son tronc, s'agitait dans son feuillage.
(Kramer, AS 10, II. 1-15 et 26-29)

Le panthéon des Mésopotamiens était si vaste – proche du millier aux premiers temps, le nombre des divinités semble s'être réduit à mesure – qu'il serait vain de vouloir le représenter dans le détail. Mais quelle qu'ait été la genèse de cette société de dieux, elle constituait un système strictement structuré qui reflétait la société des hommes.

s mythiques

il dota toute chose
un destin, Lorsqu'en l'année
...ance qu'enfanta le dieu-ciel
Il multiplia les peuples, comme l'herbe,
Le seigneur de l'Abîme, le maître,
Enki…
(Kramer, AS 10, I, 1-4)

Ainsi, étape par étape, de geste en geste et de parole en parole, Enki va éveiller un monde où les dieux vivaient à l'intérieur d'une colline sacrée, en un temps où l'homme était encore à venir.

Lorsque le dieu-ciel eut engendré les divins Anouna, En l'année où, près d'Ashnan [la déesse des blés], rien n'était né, rien n'avait verdoyé, Les canaux du pays autour de la déesse Outtou n'avaient pas été formés, Car le dieu-ciel n'avait délimité aucune enceinte à Outtou. Quand la brebis n'était pas nommée, que l'agneau ne se multipliait pas, Quand la chèvre n'existait pas, que le chevreau ne se multipliait pas, Aucune brebis n'enfantait son agneau, Aucune chèvre n'enfantait son chevreau. Aux années où les divins Anouna, ces grands dieux, Ignoraient les saintes céréales et le bétail, Quand n'existait pas la céréale aux épis de trente grains […]. Le seigneur à tiare à cornes, seigneur omnipotent, n'engendrait pas, Et Sakhan ne se dressait pas sur les berges. Les humains, lors de la création, Ignoraient le pain comme nourriture, Ignoraient les habits comme vêtements, Avec leur bouche, comme des moutons, ils mangeaient de l'herbe, Et buvaient l'eau des terres irriguées.
(Montagne du ciel et de la terre, RA, 26, p. 34 sq.)

Nous devons à la Mésopotamie la plus vieille cosmogonie connue. En outre, les Babyloniens furent les premiers à s'intéresser aux phénomènes célestes. Cette tablette gravée de caractères cunéiformes est la plus ancienne table lunaire répertoriée à ce jour. Elle donne le mouvement de la lune pour les années 60 et 61 de l'ère séleucide (-250 et -251). Cette astronomie totalement empirique reposait uniquement sur de nombreuses observations des astres : de nature arithmétique, il semble qu'elle n'ait pas été accompagnée de modèles géométriques.

La Mésopotamie

Un autre texte, plus tardif, Le Mythe de Dilmoun, nous éclaire sur ce monde avant le monde, en un temps où Enki sommeille dans Dilmoun, en un temps où les mots créateurs n'ont pas été prononcés. Dans ce pré-monde, la voix de la Vierge, l'épouse intouchée, va s'élever pour implorer Enki d'amener l'eau indispensable à la vie.

> Sur la terre qui est pure, appelez-Le, Lui (Enki !)… dans le monde de Dilmoun qui est pur, Dans le monde de Dilmoun, appelez-Le, Lui !… dans le monde de Dilmoun qui est pur. Dans le monde de Dilmoun qui est pur, dans le monde de Dilmoun qui est vierge, Dans le monde de Dilmoun qui est vierge, dans le monde de Dilmoun qui est clair, Le couple unique, à Dilmoun, dans le sommeil est plongé. La terre où Enki est endormi auprès de son épouse, Cette terre-là est vierge, cette terre-là est claire. […] Dans Dilmoun, nul corbeau ne répète son cri, Nul coq ne répète le cri du coq, Nul lion ne massacre, Nul loup n'emporte d'agneau, Nul chien de garde ne sait protéger de chevreaux, […] Nul passeur ne répète "La nuit vient", Nul veilleur ne tourne sur son enceinte, Nul lamentateur ne répète sa mélopée, Ne répète sa plainte sur l'enceinte de la ville. […] Alors, la Vierge crie à Enki, son père : "Tu as pourvu la ville, tu as pourvu la ville de Dilmoun, tu l'as pourvue de ton destin. Mais l'eau des canaux qu'elle ne possède pas" [*cassure*] Enki, le père, à sa fille, la Vierge, répondit : "Le soleil dans une seule révolution De la bouche en travail des sources, hors de la terre t'amènera l'eau douce. Il fera pour toi jaillir l'eau dans ton vaste domaine. […] Ton puits d'eau saumâtre sera un puits d'eau claire. Il couvrira pour toi de céréales tes champs de culture."
> (Le Mythe de Dilmoun)

Les textes qui nous viennent d'Akkad révèlent une cosmogonie beaucoup plus complexe que celle de Sumer, à l'origine un chaos où tout est mêlé et rien n'est nommé.

> Lorsqu'en haut les cieux n'étaient pas nommés, Qu'en bas, la terre n'avait pas de nom, Que même l'Apsou primordial, procréateur des

Cosmogonies mythiques

dieux, Moummou Tiamat qui les enfanta tous Mêlaient indistinctement leurs eaux, Que les débris de roseaux ne s'étaient pas amassés, que les cannaies ne pouvaient se voir, Lorsque nul dieu n'était encore apparu, N'avait reçu de nom ni subi de destin, Alors naquirent les dieux du sein d'Apsou et de Tiamat, Lakhmou, Lakhamou surgirent, ils furent nommés. (Enouma Elish, I, 1-10)

Puis, les jours et les années se multipliant, les couples de dieux se multiplièrent dont un couple supérieur aux précédents, Anshar (qui signifie "la totalité du ciel") et Kishar ("la totalité de la terre"); une profusion qui met en péril l'établissement de l'ordre primordial.

Or voici que s'entendirent les dieux frères pour troubler Tiamat par des mouvements désordonnés. Et ils troublèrent de fait les sens de Tiamat En s'ébattant au sein des célestes demeures. Leurs cris ne faiblissaient pas au cœur même de l'Apsou. Tiamat ne disait mot au vu de leur [désordre], Mais leurs agissements étaient pénibles. […] [Apsou] ayant pris la parole D'une voix haute, dit à Tiamat : "Insupportable m'est leur conduite. De jour, je ne puis reposer ; de nuit, je ne puis dormir. Je veux les anéantir afin de mettre un terme à leurs agissements. Et que règne le silence pour que nous, enfin nous puissions dormir !" Tiamat, entendant ces paroles, Se mit à vociférer contre son époux. Elle poussa un cri de douleur, furieuse de son isolement, Et laissa le mal s'installer dans son cœur : "Quoi ! nous-mêmes détruirions ce que nous avons créé ! Pénible, certes, est leur conduite, mais patientons avec douceur." […] Tout ce qu'ils avaient tramé dans leur entrevue, Aux dieux, leurs premiers-nés, on le répéta. À cette annonce les dieux se troublèrent. Saisis de stupeur, ils restèrent sans mot dire. Mais le très intelligent, le sage, le capable, L'omniscient Éa discernait leurs visées. […] Il versa un sommeil sur Apsou tranquillement assoupi. Il le fit s'engourdir en versant le sommeil. Moummou, le conseiller, fut incapable de se mouvoir. Il le dépouilla de ses vêtements, lui enleva sa tiare, Lui ravit son éclat, et s'en revêtit. Puis ayant enchaîné Apsou, il le mit à mort. (*Idem*, I, 21-69)

Ce premier conflit réglé, un nouveau dieu va paraître.

La Mésopotamie

C'est alors que dans la chambre des destins, le sanctuaire des archétypes, Un dieu, le plus capable et le plus sage de tous, fut engendré. Au sein d'Apsou, naquit Mardouk. […] Si harmonieuses étaient ses formes qu'elles en étaient inconnaissables. Il dépassait l'entendement, à peine pouvait-on le regarder. Quadruple était son regard et quadruple son ouïe. Le feu jaillissait du mouvement de ses lèvres. Quadruple en lui croissait l'entendement. Et ses yeux pareillement discernaient toutes choses.
(*Idem*, I, 79-98)

Le temps d'un ordre définitif du monde n'est pas encore venu, de nouveau les dieux vont s'agiter, de nouveau ils vont troubler le sommeil de Tiamat, pour finalement l'entraîner dans une rébellion contre Mardouk ; un nouvel affrontement dont Mardouk sortira vainqueur.

Alors s'approchant, Tiamat et Mardouk, le plus sage des dieux, Se ruèrent l'un contre l'autre et se joignirent dans la lutte. Mais déployant son filet, le Seigneur l'enveloppa, Et libéra devant elle le vent mauvais qu'il gardait en réserve. Comme Tiamat ouvrait la gueule pour l'engloutir, Il y projeta le vent mauvais pour l'empêcher de refermer les lèvres. Les vents furieux lui dilatèrent le corps. Elle en eut le ventre gonflé et resta la gueule béante. Il décocha alors une flèche qui lui perfora le ventre, Lui déchira les entrailles et lui perça le cœur. L'ayant ainsi maîtrisée, il lui ôta la vie, Jeta le cadavre à terre et se dressa dessus. Quand il eut massacré Tiamat, le chef de file, Il mit en pièces sa bande, son armée se dispersa. […] Il assura sa prise sur les dieux prisonniers, Et revint à Tiamat qu'il avait vaincue. Le Seigneur alors mit le pied sur la croupe de Tiamat, De sa harpée inexorable, il lui fendit le crâne, Il lui trancha les veines, Et le vent du nord chassa le sang dans le lointain. […] Puis, détendu, le Seigneur examina le cadavre. Du monstre partagé, il voulut tirer œuvre d'art. Le coupant en deux comme un poisson séché, Il en assujettit la moitié pour faire la voûte céleste, Tira le verrou, installa ses gardes, Et leur enjoignit de ne pas laisser fuir ses eaux.
(*Idem*, IV, 93-140)

Cosmogonies mythiques

Israël

Si un certain nombre de passages de la Bible, notamment dans les Psaumes et le Livre de Job, font allusion aux origines de l'univers, les deux premiers chapitres du livre de la Genèse explicitent la pensée cosmogonique israélite. Il faut rappeler que ces deux chapitres contiennent deux récits de la Création et que le livre de la Genèse lui-même semble être la compilation de trois narrations distinctes à l'origine. La plus facile à séparer est celle dite Code sacerdotal. Elle a dû être rédigée après le Grand Exil, vers la fin du VIe siècle avant notre ère. Les deux autres narrations sont plus difficiles à séparer. Les spécialistes s'accordent cependant à déceler deux autres récits, plus anciens, peut-être du VIIIe siècle, dont l'un représenterait la tradition religieuse du Royaume du Nord et l'autre celle du Royaume du Sud. On donne à ce dernier récit le nom de Yahwiste, parce qu'il désigne Dieu par son nom propre de Yahwéh, à l'autre, le nom d'Élohiste, parce qu'il se sert du terme plus général d'Élohim, lequel signifie "Dieu". Notons que le Code sacerdotal désigne Dieu par Élohim. L'Élohiste ne devait commencer son histoire d'Israël qu'avec celle du premier grand ancêtre de ce peuple, Abraham, alors que le Yahwiste et le Code sacerdotal remontent jusqu'aux origines mêmes de l'homme et de l'univers. C'est pourquoi ils commencent l'un et l'autre par un exposé cosmogonique.

Bien que les rédacteurs de notre Bible l'aient mise en second, voici un extrait de la cosmogonie la plus ancienne, celle du Yahwiste, centrée sur l'homme et sur sa destinée.

Lorsque Yahwéh eut fait le ciel et la terre, nulle broussaille de la lande n'existait encore sur la terre et nul gazon de la lande n'avait

Israël

Dans la Genèse, le soleil et la lune sont créés le quatrième jour, alors que la séparation du jour et de la nuit est faite dès le premier jour : une chronologie qui tourmentera bien des cosmogonistes modernes, soucieux de respecter les Écritures ! La voûte céleste, ou firmament, était pour les anciens Sémites une coupole solide, retenant les eaux supérieures. Par ses ouvertures ruissellera le Déluge.

encore poussé, parce que Yahwéh n'avait pas encore fait pleuvoir sur la terre et qu'il n'y avait pas d'homme pour travailler l'humus. Yahwéh fit donc monter un flot de la terre, pour arroser la surface entière de l'humus. Puis Yahwéh modela l'homme avec de la poussière tirée de l'humus et lui insuffla aux narines l'haleine de vie, si bien que l'homme devint un être vivant. Yahwéh planta alors un jardin à Éden, [là-bas] vers l'Orient, et Il y plaça l'Homme qu'Il avait modelé. […] Alors Yahwéh fit choir une torpeur sur l'homme, qui s'endormit. Il lui prit une côte et reboucha le vide en mettant de la chair à sa place ; et, de cette côte, qu'Il avait prise à l'homme, Yahwéh façonna une femme, qu'Il conduisit à l'homme. Et l'homme s'exclama :

Celle-ci pour le coup, c'est un os de mes os, une chair de ma chair !
Celle-ci, on l'appellera Ishshâ, parce qu'elle est tirée de l'Ish, celle-ci !
(Genèse, I, 2, 4-23).

La cosmogonie du Code sacerdotal est plus abstraite et plus théologique que celle du Yahwiste ; elle donne un classement logique et exhaustif des êtres qui, à l'appel de Dieu, sortent du néant selon l'ordre de leur dignité, jusqu'à l'homme image de Dieu.

Au commencement, Élohim créa le ciel et la terre. Or, la terre était déserte et vide : les ténèbres s'étendaient sur l'abîme et le souffle d'Élohim planait sur les eaux.

Élohim dit alors : "Qu'il y ait la lumière !" Et il y eut la lumière. Élohim constata que la lumière était une bonne chose. Puis Élohim sépara la lumière des ténèbres, et Élohim appela la lumière "jour", et les ténèbres, Il les appela "nuit". Puis il y eut un soir, puis il y eut un matin : le premier jour.

Ensuite, Élohim dit : "Qu'il y ait une voûte entre les eaux et qu'elle sépare les eaux en deux !" Et ainsi en fut-il : Élohim constitua cette voûte et sépara les eaux inférieures à la voûte des eaux supérieures à la voûte. Élohim appela cette voûte "ciel". Et Élohim constata que

Cosmogonies mythiques

c'était là une bonne chose. Puis il y eut un soir, puis il y eut un matin : le deuxième jour.

Ensuite, Élohim dit : "Que les eaux inférieures au ciel se rassemblent en un emplacement unique, pour qu'apparaisse l'étendue sèche !" Et ainsi en fut-il. Élohim appela l'étendue sèche "terre", et le rassemblement des eaux, Il l'appela "mer" […]. Ensuite Élohim dit : "Que la terre verdoie de verdure, d'herbage portant semence et d'arbres fruitiers.", […] Puis il y eut un soir, puis il y eut un matin : le troisième jour.

Ensuite, Élohim dit : "Qu'il y ait des luminaires à la voûte du ciel, pour séparer le jour de la nuit et pour servir de marques tant aux fêtes qu'aux jours et aux années ! Et qu'ils servent aussi, à la voûte du ciel, de luminaires pour éclairer la terre !" Et ainsi en fut-il. Élohim constitua les deux grands luminaires – le plus grand pour commander au jour, le plus petit pour commander à la nuit ; et aussi les étoiles. Puis Élohim les distribua sur la voûte du ciel pour éclairer la terre, pour commander au jour et à la nuit et pour séparer la lumière des ténèbres. Et Élohim constata que c'était là une bonne chose. Puis il y eut un soir, puis il y eut un matin : le quatrième jour.
(Genèse, I, 1, 1-19)

Le cinquième jour, Dieu créa les animaux d'origine aquatique, et le sixième, il créa les animaux d'origine terrestre et l'homme, puis il se reposa.

Et Élohim, ayant achevé, au septième jour, l'ouvrage qu'Il avait fait, se reposa, ce septième jour, de tout le travail qu'Il avait accompli. Aussi bénit-Il le septième jour et en fit-Il une chose sainte. […] Telle est la généalogie du ciel et de la terre lorsqu'ils furent créés.
(*Idem*, I, 2, 1-4)

Le Psaume 104 décrit plus la structure et le fonctionnement du monde que sa naissance, mais dans la pensée théologique juive, l'action par laquelle Dieu conserve le monde n'est pas différente de celle par laquelle il l'a créé.

Tu as déployé les cieux comme une tente, Construit sur les eaux, Ton balcon Et fait de la nuée Ton char. Tu T'avances sur les ailes du

La Grèce d'Hésiode

vent, Tu as pris les vents pour estafette Et les éclairs flamboyants pour esclaves !

Tu as fondé la terre sur ses socles, inébranlable éternellement. L'abîme, tel un vêtement, la recouvrait Et les eaux stationnaient par-dessus les montagnes. Devant Tes grondements, elles ont reculé, Elles ont pris la fuite à Ta voix de tonnerre ! Elles ont sauté les montagnes, dévalé les vallées, Jusqu'à ce lieu que Tu leur avais assigné. [Là,] Tu leur as fixé une borne infranchissable, pour qu'elles ne reviennent plus submerger la terre. [...]

Tu as fait la lune, pour [marquer] les temps, Et le soleil qui connaît [l'heure de] son coucher. Tu mets en place les ténèbres – et c'est la nuit, Où se faufilent tous les fauves des bois, [Où] rugissent après leur proie les lionceaux, Réclamant de Dieu leur pitance.

Mais le soleil levé, ils battent en retraite Et s'allongent en leurs tanières, Tandis que l'homme sort travailler, Besogner jusqu'au crépuscule.

(Psaume 104, 1-23)

La Grèce d'Hésiode

D'Hésiode nous ne savons presque rien, si ce n'est ce qu'il nous dit lui-même dans *Les Travaux et les Jours* et dans la *Théogonie*. C'est en Béotie, au pied de l'Hélicon, à Ascra, que naquit et vécut Hésiode, y cultivant ses champs et y faisant de plus métier d'aède. Le peu que nous livre

Dans la *Théogonie* d'Hésiode, le combat des Titans – qui met en péril l'ordre du monde et s'achève par la victoire des Olympiens – intervient après la période du Chaos originel. Les Titans appartiennent à la génération divine primitive et, du plus jeune d'entre eux, Cronos, sortira la génération des Olympiens, parmi lesquels Zeus, Athéna, Apollon, Héra, Poséidon, Pluton et l'ensemble du panthéon grec.

Cosmogonies mythiques

Hésiode ne s'accompagne malheureusement d'aucune date, il est toutefois certain que son œuvre est antérieure au dernier tiers du VIIe siècle avant notre ère (époque d'un fragment de Sémonide d'Amorgos, inspiré d'un passage des *Travaux*). Tous les manuscrits que nous connaissons de la *Théogonie* dérivent de la transcription faite vers le IXe siècle d'après une édition retrouvée à Byzance. La *Théogonie* conte la naissance des dieux, mais elle est aussi une cosmogonie, une naissance du monde, car le poème relate comment le monde naît avec les dieux et comment les dieux, ayant reçu le monde en partage, l'organisent.

Après un prélude en deux parties – un récit, où Hésiode nous conte comment s'éveilla sa vocation, et un hymne, où il célèbre les Muses – vient l'ordre dans lequel naquirent la terre, le ciel, les montagnes et la mer.

> **S**i la *Théogonie* ressortit à la mythologie, ainsi que la première partie des *Travaux et des Jours*, la deuxième partie de cet ouvrage met au service de la culture et de la navigation un savoir astronomique certain.

Donc, avant tout, fut Abîme ; puis Terre aux larges flancs, assise sûre à jamais offerte à tous les vivants, et Amour, le plus beau parmi les dieux immortels, celui qui rompt les membres et qui, dans la poitrine de tout dieu comme de tout homme, dompte le cœur et le sage vouloir.

D'Abîme naquirent Érèbe et la noire Nuit. Et de Nuit, à son tour, sortirent Éther et Lumière du jour. Terre, elle, d'abord enfanta un être égal à elle-même, capable de la couvrir tout entière, Ciel étoilé, qui devait offrir aux dieux bienheureux une assise sûre à jamais. Elle mit aussi au monde les hautes Montagnes, plaisant séjour des déesses, les Nymphes, habitantes des

```
APVD INCLYTAM

HESIODI
ASCRAEI POETAE VE/
TVSTISSIMI, OPERA
ET DIES.

NICOLAO VALLA
INTERPRETE.

Cum marginarijs adnotamentis.

GERMANIAE BASILEAM.
```

monts vallonnés. Elle enfanta aussi la mer
inféconde aux furieux gonflements, Flot
– sans l'aide du tendre Amour.
(Hésiode, *Théogonie*, 116-132)

Dans cet ordre primordial vont
apparaître des "monstres" dont les
querelles amèneront le désordre et
mettront le monde naissant en péril.

    Mais ensuite, des embrassements de Ciel, elle
enfanta Océan aux tourbillons profonds, – Coios,
Crios, Hypérion, Japet – Théia, Rhéia, Thémi et
Mnémosyne, – Phoibé, couronnée d'or, et l'aimable
Thétys. Le plus jeune après eux, vint au monde Cronos,
le dieu aux pensées fourbes, le plus redoutable de tous ses enfants ;
et Cronos prit en haine son père florissant. Elle mit au monde les
Cyclopes au cœur violent, Brontè, Stéropès, Arghès à l'âme brutale, en
tout pareils aux dieux, si ce n'est qu'un seul œil était placé au milieu
de leur front. Vigueur, force et adresse étaient dans tous leurs actes.
D'autres fils naquirent encore de Ciel et Terre, trois fils, grands et
forts, qu'à peine on ose nommer, Cottos, Briarée, Gyès, enfants pleins
d'orgueil. Ceux-là avaient chacun cent bras qui jaillissaient, terribles,
de leurs épaules, ainsi que cinquante têtes, attachées sur l'épaule à
leurs corps vigoureux. Et redoutable était la puissante vigueur qui
complétait leur énorme stature. Car c'étaient de terribles fils que
ceux qui étaient nés de Terre et de Ciel, et leur père les avait pris en
haine depuis le premier jour. À peine étaient-ils nés qu'au lieu de les
laisser monter à la lumière, il les cachait tous dans le sein de Terre,
et, tandis que Ciel se complaisait à cette œuvre mauvaise, l'énorme
Terre en ses profondeurs gémissait, étouffant.
(*Idem*, 133-160)

Terre elle-même demande à ses enfants d'éliminer leur père et
forge l'arme du crime : une grande serpe de métal blanc avec laquelle
Cronos fauchera les bourses de son père Ouranos (le Ciel).
De ce crime, de nouveaux êtres vont naître.

Cosmogonies mythiques

Ce ne fut pas pourtant un vain débris qui lors s'enfuit de sa main. Des éclaboussures sanglantes en avaient jailli ; la Terre les reçut toutes, et, avec le cours des années, elle en fit naître les puissantes Érinyes, et les grands Géants aux armes étincelantes, qui tiennent en leurs mains de longues javelines, et les Nymphes aussi qu'on nomme Méliennes, sur la terre infinie. Quant aux bourses, à peine les eut-il tranchées avec l'acier et jetées de la terre dans la mer au flux sans repos, qu'elles furent emportées au large, longtemps ; et, tout autour, une blanche écume sortait du membre divin. De cette écume une fille se forma, qui toucha d'abord à Cythère la divine, d'où elle fut ensuite à Chypre qu'entourent les flots ; et c'est là que prit terre la belle et vénérée déesse qui faisait autour d'elle, sous ses pieds légers, croître le gazon et que les dieux aussi bien que les hommes appellent Aphrodite, pour s'être formée d'une écume, ou encore Cythérée, pour avoir abordé à Cythère. (Hésiode, *Théogonie*, 183-200)

La Grèce d'Hésiode

Puis Hésiode énumère les longues descendances de Nuit, de Flot, d'Océan et de tous les enfants de Terre et de Ciel, parmi ceux de Cronos, Zeus qui, devait détrôner son père, comme Cronos avait détrôné le sien, et présider au nouvel ordre du monde.

Rhéia subit la loi de Cronos et lui donna de glorieux enfants [...]. Mais, ses premiers enfants, le grand Cronos les dévorait, dès l'instant où chacun d'eux du ventre sacré de sa mère descendait à ses genoux. Son cœur craignait qu'un autre des altiers petits-fils de Ciel n'obtînt l'honneur royal parmi les Immortels. Il savait, grâce à Terre et à Ciel étoilé, que son destin était de succomber un jour sous son propre fils, si puissant qu'il fût lui-même – par le vouloir du grand Zeus. Aussi, l'œil en éveil, montait-il la garde ; sans cesse aux aguets, il dévorait tous ses enfants ; et une douleur sans répit possédait Rhéia. Mais vint le jour où elle allait mettre au monde Zeus, père des dieux et des hommes, elle suppliait alors ses parents, Terre et Ciel étoilé, de former avec elle un plan qui lui permît d'enfanter son fils en cachette [...]. Puis, entourant de langes une grosse pierre, elle la remit au puissant seigneur, fils de Ciel, premier roi des dieux, qui la saisit de ses mains et l'engloutit dans son ventre, le malheureux ! sans que son cœur se doutât que, pour plus tard, à la place de cette pierre, c'est son fils invincible et impassible, qui conservait la vie et qui devait bientôt, par sa force et ses bras, triompher de lui, le chasser de son trône et régner à son tour parmi les Immortels. Puis rapidement croissaient ensemble la fougue et les membres glorieux du jeune prince, et, avec le cours des années, le grand Cronos aux pensers fourbes recracha tous ses enfants, vaincu par l'adresse et par la force de son fils, et il vomit d'abord la pierre par lui dévorée la dernière. Et Zeus la fixa sur la terre aux larges routes dans Pythô la divine, au bas des flancs du Parnasse, monument durable à jamais, émerveillement des hommes mortels.
(*Idem*, 453-500)

> **U**ne fois maître provisoire du monde, Cronos épousa sa sœur, Rhéa, et comme Ouranos et Gaïa lui avaient prédit qu'il serait détrôné par l'un de ses enfants, il dévorait ceux-ci dès leur naissance. Parce qu'il dévore ses enfants comme le temps dévore les jours, et par jeu de mots (Κρονος rappelant Χρονος, le temps) on a considéré parfois Cronos comme le temps personnifié.

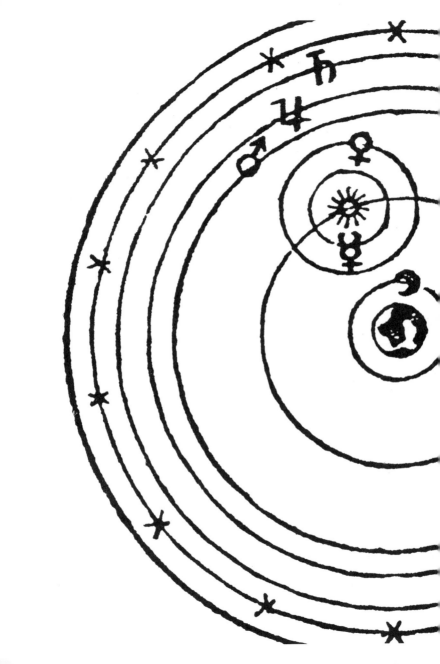

2. Les présocratiques

On appelle présocratiques les philosophes qui, aux récits mythologiques – dont les moyens d'expression inadéquats à une description scientifique du monde relevaient de la théologie et de la poésie –, substituent un discours philosophique dont ils ont forgé les concepts rigoureux. Leur discours nous est parvenu si fragmenté qu'il serait téméraire de vouloir reconstituer leur pensée. Toutes indirectes et plus ou moins tardives, les sources sont nombreuses et semblent venir d'horizons différents. Les documents par lesquels nous approchons les présocratiques sont classés en deux genres : d'une part, des fragments, le plus souvent minimes, d'autre part, des commentaires, des catalogues d'opinions et des ouvrages pédagogiques. Dans l'Antiquité, en dehors des grands classiques, les écrits de date ancienne ont toujours été très rares, parfois même introuvables hors des grandes bibliothèques. Les philosophes, les historiens et les vulgarisateurs se contentaient de puiser leurs informations dans des compilations dont quelques-unes ont survécu. Ainsi Aristote avait pris l'habitude pédagogique de mentionner les opinions émises avant lui et de préparer, par leur critique et leur réfutation, la voie au développement de ses propres théories. Puis Théophraste, disciple et successeur d'Aristote à la tête du Lycée, entreprit de rassembler et d'analyser les opinions des anciens physiologues, devenant le premier de ce que l'on appelle les *doxographes*, c'est-à-dire les écrivains qui se sont appliqués à recueillir et à classer par ordre des matières ces opinions (*doxai* en grec, *placita* en latin). Jamais les écrits des physiologues n'ont directement servi aux doxographes ; tous se rattachent originairement à l'ouvrage historique de Théophraste. Dès l'époque de Socrate à Athènes,

Les présocratiques

les voies étaient ouvertes à une pensée dégagée de
la mythologie des temps antérieurs. Si l'eau de Thalès sur
laquelle flotte le monde, si le feu d'Héraclite et le vide illimité
d'Anaximandre, au milieu duquel la terre se tient en équilibre
sans support matériel, si ces principes ne sont pas les purs
éléments d'une physique dont les dieux seraient totalement
absents, ils s'opposent à Terre, dont Hésiode ne nous dit pas
comment elle sortit d'Abîme, ni comment à elle seule elle
enfantera Ouranos, le Ciel étoilé, et Pontos, la Mer féconde.
Ces éléments des présocratiques qui génèrent puis emplissent
le monde s'opposent aux épaules d'Atlas, sont porteurs d'une
terre que les pythagoriciens affirmèrent sphérique, corps
céleste, sans haut ni bas, suspendu au centre de l'univers. Si
les présocratiques n'inaugurent pas la pensée rationnelle au sens
moderne du terme, ils transforment les méthodes de recherche
et d'exposition. Ils vont constituer un discours philosophique
en jouant des oppositions et des contraires. Les doctrines qui
se succèdent se bâtissent les unes à partir des autres, mais aussi,
à l'intérieur d'une même école, se dressent les unes contre
les autres, comme les formules qui les expriment jouent à
renverser les positions de termes contradictoires. Jonglant
avec le dense et le rare,
l'illimité et le limité, le clair
et l'obscur, avec le même et
l'autre, l'un et le multiple,
en quelques générations
ils épuiseront le jeu des
possibles. À ce jeu, les plus
subtils affirment, nient et
dépassent les contraires
dans un même discours : ils
découvrent la dialectique dont
la forme extrême, appliquée à
des coquilles vides, engendrera
l'art des sophismes, mais
armera l'esprit pour
le déchiffrement du monde.

La prééminence de l'eau dans les balbutiements de la physique présocratique est sans doute issue de mythes cosmologiques proche-orientaux, dont Thalès a pu avoir connaissance lors de son probable séjour en Égypte, soit directement en Grèce où le statut originaire de l'eau avait été mentionné par des auteurs antérieurs, chez Homère par exemple (*Iliade*, XIV, 244).

L'école de Milet - Thalès

L'ÉCOLE DE MILET. Vers la fin du VIIe siècle avant notre ère, Thrasybule, tyran de Milet, en Ionie, avait signé un accord avec Alyatte, roi de Lydie, qui, à une époque où les Lydiens s'acharnaient à soumettre les Grecs d'Asie, sauva la ville d'un désastre, lui assura un avenir relativement paisible et facilita ses relations avec l'Égypte et Babylone. Ces circonstances contribuèrent au développement de la philosophie au sein de la première école qu'ait connue le monde occidental. Entre Thalès, le fondateur de cette école, et Anaximandre, vingt ans se seraient écoulés, comme vingt autres, entre Anaximandre et Anaximène, le dernier des grands milésiens. Bien qu'Héraclite conteste les milésiens, sans les combattre comme il combattra les pythagoriciens, on peut le rattacher à cette école. Tous s'intéressent au Principe – à ce qui est à l'origine – de toutes choses : pour Thalès, ce Principe est l'eau ; pour Anaximène, c'est l'air ; pour Héraclite, le feu ; pour Anaximandre, rien de définissable, mais l'*apeiron*. Si, dans le monisme matérialiste de l'école ionienne, on retrouve une conception génétique de la nature qui rappelle celle d'Hésiode, cependant aucun des philosophes ioniens ne prend la terre comme Principe : tous se différencient donc d'Hésiode pour qui la terre enfanta et le ciel et la mer, puis, de là, toutes choses.

Thalès

De la vie du fondateur de l'école de Milet, nous ne savons quasiment rien, si ce n'est la fameuse et légendaire éclipse de soleil de 585 av. J.-C., qu'il aurait prédite et qui permet de situer l'époque de son activité. De ses écrits, aucun fragment n'est venu jusqu'à nous, si toutefois ces écrits ont un jour existé, non qu'il faille mettre en doute la science de Thalès, mais parce qu'une tradition veut que son

Les présocratiques

enseignement n'ait été qu'oral. De Thalès nous ne connaissons ni l'œuvre accomplie, ni les méthodes employées : toute sa réputation philosophique repose sur le témoignage d'Aristote qui lui accorde le mérite d'avoir spéculé sur l'élément, ou le Principe, dont toutes choses dérivent. Cet élément est l'eau, source de l'humidité, de la vie, de la multiplicité des formes, et sans doute responsable de ce que la force motrice vivante appartient à toutes choses.

Thalès est considéré comme le père de la physique ionienne, c'est en tout cas ce qu'affirme Aristote.

> La plupart des premiers philosophes estimaient que les principes de toutes choses se réduisaient aux principes matériels. Ce à partir de quoi sont constituées toutes les choses, le premier terme de leur génération et le terme final de leur corruption (alors que, la substance demeurant, seuls ses états changent) c'est cela qu'ils tiennent pour l'élément et le principe des choses ; aussi estiment-ils que rien ne se crée et que rien ne se détruit, puisque cette nature est à jamais conservée. […] Cependant tous ne sont pas d'accord sur le nombre et la forme d'un tel principe. Pour Thalès, le fondateur de cette conception philosophique, ce principe est l'eau (c'est pourquoi il soutenait que la terre flotte sur l'eau) ; peut-être admit-il cette théorie en constatant que toute nourriture est humide et que le chaud lui-même en tire génération et vie (or, ce dont procède la génération est principe de toutes choses) voilà ce qui le conduisit à admettre cette théorie.
> (Aristote, *Métaphysique*, A, III, 983b, 6)

> D'autres disent que la terre repose sur l'eau. C'est en effet la thèse la plus ancienne que nous ayons reçue, et que l'on attribue à Thalès de Milet qui soutient que la terre flotte immobile à la façon d'un morceau de bois ou de quelque autre chose de même nature (étant entendu qu'aucune ne demeure naturellement en repos sur l'air, mais au contraire sur l'eau) ; comme s'il ne fallait pas trouver une explication identique pour l'eau qui supporte la terre que pour la terre elle-même.
> (Aristote, *Traité du ciel*, II, XIII, 294a, 28)

L'école de Milet – Thalès

Aétius laisse entendre que Thalès s'intéressait non seulement à la cosmogonie mais aussi à la cosmographie, c'est-à-dire aux problèmes de la représentation du cosmos.

> **Thalès affirma le premier que le soleil est éclipsé lorsque la lune se trouve placée perpendiculairement au soleil, étant donné qu'elle est de nature terreuse. On voit alors la lumière du soleil, qui se trouve masquée par le disque lunaire, se refléter comme dans un miroir.**
> (Aétius, *Opinions*, II, XXIV, I)

Cette affirmation certes recoupe celle de la prétendue prédiction de l'éclipse de 585 av. J.-C., prédiction qu'il est pourtant impossible d'accepter tant elle est incompatible avec le niveau des connaissances de l'époque.

Anaximandre

Anaximandre (610-547) ne nous est connu que par l'intérêt que lui porta Aristote ; il s'ensuit une orientation de ce premier témoignage qui peut réduire sa pensée cosmologique et engendrer le doute sur la signification de son entreprise philosophique. En effet si Aristote reconnaît qu'Anaximandre a forgé l'idée que le Principe est l'Illimité (*apeiron*), il remarque aussitôt qu'il ne suffit pas dire que tout vient de l'Illimité et que tout y retourne. Car la cause ou la nature des mouvements par lesquels l'Un devient multiple et les multiples retournent à l'Un n'est pas indiquée. De plus le sens qu'Aristote donne au terme

> **N**ous ne disposons d'aucune trace de la pensée d'Anaximandre sur le monde dans sa totalité et de sa "place" dans l'Illimité. Toutefois, il est probable qu'il situe la terre au centre des cercles célestes dont nous savons que, pour lui, le plus grand était le cercle du soleil.

Les présocratiques

apeiron n'est pas évident. *Apeiron* désigne-t-il l'infini spatial ? Peut-il désigner un concept aussi précis et rigoureux avant que Zénon n'ait soulevé les interrogations paradoxales sur l'extension et la division à l'infini ? Un autre doute se profile alors : et si ce qualificatif s'appliquait au genre même de la substance originaire plutôt qu'à son étendue, signifiant alors "sans limites intérieures", "sans distinctions internes" : indistinct ? Quoi qu'il en soit, l'apport le plus important d'Anaximandre à la cosmologie est sans conteste son explication de la stabilité de la terre : isolée, elle est en suspens dans l'espace, non parce qu'un support la maintient, mais parce qu'elle est à égale distance de toutes choses, et n'a donc aucune raison de tomber vers l'une d'entre elles.

Le Pseudo-Plutarque parle ainsi d'Anaximandre :

> Après lui, Anaximandre, compagnon de Thalès, disait que l'Illimité est la cause universelle de toute génération et corruption, dont se sont, dit-il, discriminés les cieux et généralement tous les mondes, qui sont illimités. Il affirmait que leur corruption, et bien avant elle, leur génération, se produisait à partir de l'éternité illimitée, du fait de toutes leurs révolutions. La terre, à ce qu'il prétend, a la forme d'un cylindre dont la profondeur correspond à un tiers de sa largeur. Il soutient encore que l'élément qui, à partir de l'éternité, engendre le chaud et le froid selon le processus de génération de ce monde, se trouve discriminé, et que de lui naît une sphère de feu qui enveloppe l'air autour de la terre,

Anaximandre se représente la terre comme une colonne dont la surface supérieure abrite les hommes. Une légende, rapportée par Cicéron, veut qu'il avertît les Lacédémoniens qu'ils devaient abandonner leur ville et aller camper dans les champs parce qu'un tremblement de terre menaçait. De fait, toute la ville s'écroula.

comme fait l'écorce d'un arbre ; puis de son éclatement en débris circulaires sont constitués le soleil, la lune et les astres.
(Pseudo-Plutarque, *Stromates*, 2)

Les commentaires d'Aristote portent sur la nature et le rôle de l'Illimité.

> Toute chose en effet ou bien est principe ou bien découle d'un principe. Or l'*apeiron* [l'Illimité] n'admet pas de principe, car ce principe serait sa limite. En outre pour autant qu'il est un principe, il est non engendré et incorruptible, car l'engendré admet nécessairement une fin et toute corruption doit s'achever. C'est pourquoi nous disons que l'Illimité n'admet pas de principe mais que c'est lui au contraire qui est le principe des autres choses, enveloppe chaque chose et gouverne chaque chose, comme le soutiennent ceux qui, outre l'Illimité, n'admettent aucune cause telle que par exemple l'intellect ou l'amitié. Cela revient à faire de l'Illimité le divin car il est immortel et impérissable, ainsi que l'affirment Anaximandre et la plupart des physiciens.
> (Aristote, *Physique*, III, IV, 203b, 6)

Simplicius, ayant noté qu'Anaximandre est le premier à employer le terme de "Principe", ajoute une glose sur la nécessité d'introduire un principe.

> Il est évident qu'après avoir observé la transformation mutuelle des quatre éléments, il ne pouvait estimer qu'on pût assigner à l'un un rôle de substrat, mais qu'il fallait bien qu'il y eût quelque chose d'autre en plus de ces quatre éléments.
> Il ne pense pas que la génération se produit par altération

Les présocratiques

élémentaire mais à l'opposé par dissociation des contraires sous l'effet du mouvement éternel. C'est la raison pour laquelle Aristote l'a classé avec ceux de l'école d'Anaxagore.
(Simplicius, *Commentaire sur la Physique d'Aristote*, 24, 13)

Anaximène

Dernier représentant de l'école milésienne au sens strict du terme, Anaximène (VIe siècle av. J.-C.) présente une vue du monde moins abstraite que celle de son maître Anaximandre. Si pour lui le principe est encore l'Illimité, cet Illimité n'est plus le substrat indéfini, et en quelque sorte l'Un ou la matière étendue dans sa généralité, mais un substrat défini, à savoir l'air. De plus, quant à la stabilité de la terre, Anaximène se croit obligé de recourir à un support, toujours l'air, revenant ainsi à la conception de Thalès. Ce choix de l'air s'explique par des raisons cosmologiques et anatomiques : l'air est l'élément dans lequel la terre et les astres, aplatis comme des couvercles, demeurent en suspens, il est aussi l'âme et la pensée. Anaximène est le premier à rendre la cosmogonie milésienne cohérente. Thalès et Anaximandre expliquaient la totalité du monde par les transformations d'une substance unique, ce qui devait amener à penser toutes les différences comme purement quantitatives. Et de fait, identifier l'Illimité à l'air et introduire la théorie de la raréfaction et de la condensation permettent de considérer que toutes les diversités du monde sont dues à la présence d'une plus ou moins grande quantité de cette substance dans un espace donné tout en sauvant l'unité de la substance primordiale. Il n'est plus nécessaire de faire, comme le dit Aristote, de la substance primordiale quelque chose de distinct des éléments, elle peut tout aussi bien être l'un d'eux, le premier.

Simplicius évoque les transformations de la substance primordiale.

Anaximène, fils d'Eurystrate, de Milet, disciple d'Anaximandre, dit encore comme lui que la nature qui fait fonction de substrat est une et illimitée, mais ne la tient pas comme lui pour indéfinie, disant qu'elle est

l'ai ; celui-ci diffère selon les substances du fait de sa raréfaction ou de sa condensation : devenant plus subtil, il devient feu ; se condensant, il devient vent, puis nuage et plus loin encore eau, puis terre, puis pierres, et les autres créatures procèdent de celles-ci. Il confère lui aussi au mouvement l'éternité et pense qu'il est l'instrument de la production du changement. [...] Il convient d'établir qu'une chose est l'Illimité et le Limité en nombre, thèse propre à ceux qui admettaient la multiplicité des principes, et qu'autre chose est l'Illimité et le Limité en grandeur, thèse [...] sur laquelle s'accordent Anaximandre et Anaximène qui admettaient l'existence d'un élément Un mais illimité en grandeur.
(*Idem*, 24, 26 et 22, 9)

Pour Anaximène, le mouvement éternel n'est plus une sorte de second principe qui doit s'ajouter à l'Illimité, mais le mouvement spontané de l'air lui-même.

On prétend qu'Anaximène dit que l'air est le principe de la totalité des choses et que celui-ci est illimité en grandeur, mais défini par les qualités qu'il revêt ; toutes choses sont engendrées selon une certaine condensation de l'air ou au contraire une raréfaction. Le mouvement existe de toute éternité ; il dit que la terre est engendrée au commencement par la compression de l'air et qu'elle est tout à fait plate ; c'est la raison pour laquelle elle est littéralement suspendue dans l'air. Le soleil, la lune et les autres astres tirent de la terre le principe de leur génération ; le soleil lui apparaît donc comme de la terre qui, sous l'effet d'un mouvement rapide, s'échauffe suffisamment pour s'embraser ainsi.
(Pseudo-Plutarque, *Stromates*, 3)

Héraclite

Né à Éphèse, non loin de Milet, au milieu du VIe siècle av. J.-C., Héraclite, comme Xénophane, n'appartient pas à l'école milésienne, mais, tout en dépassant le monisme matérialiste de cette école, il en gardera l'idée d'un principe unique fondamental, le feu. Déformée par ses critiques, Platon et Aristote, et par ceux qui

Les présocratiques

revendiquent son héritage, les stoïciens, sa pensée est d'autant plus difficile à interpréter que tous s'accordent à reconnaître la forme énigmatique de ses déclarations. Héraclite pense trouver dans le feu un principe qui soit véritablement l'Un, et qui fasse en même temps de l'Un non seulement la cause du mouvement, mais en quelque sorte la réalité du mouvement lui-même. Le cosmos est un feu dont certaines des parties éteintes forment la terre et l'eau. Un feu toujours vivant qui est à la fois l'état premier et dernier de l'univers et en pénètre toutes les parties engendrées. Le feu ne peut plus être considéré comme un élément originel, comme l'eau de Thalès, mais comme la source continuelle d'une lutte qui est la condition même de l'ordre du monde.

Clément d'Alexandrie écrit ainsi :

> Ce monde-ci, le même pour tous, nul des dieux ni des hommes ne l'a fait, mais il a toujours été, est et sera : feu éternel, s'allumant en mesure et s'éteignant en mesure. [...] Transformation du feu : d'abord mer, de la mer une moitié terre, une moitié souffle embrasée. [La terre] se dissout en mer, et est divisée selon la même proportion qu'elle possédait avant qu'elle devînt terre.
> (Clément d'Alexandrie, *Les Stromates*, V, 105)

Simplicius précise les transformations génératrices du feu.

> Hippase de Métaponte et Héraclite d'Éphèse considéraient eux aussi le monde comme un, mû et limité, mais ils faisaient du feu le principe, et du feu ils faisaient naître les existants par condensation et raréfaction, et se dissoudre de nouveau dans le feu, en tant qu'il est l'unique nature servant de substrat. Héraclite déclare en effet que toutes les choses sont conversion du feu. Il établit aussi un certain ordre et un temps défini du changement du monde selon une nécessité fatale.
> (Simplicius, *Commentaire sur la Physique d'Aristote*, 23, 33)

On trouve la cosmogonie d'Héraclite dans le *Traité du ciel* d'Aristote, et sa cosmologie, dans les *Opinions* d'Aétius :

Héraclite

Tous déclarent que le ciel a été engendré. Mais pour les uns, il est un engendré éternel, pour les autres, un engendré corruptible, comme n'importe quel être de nature composée ; et pour d'autres, la destruction se fait tantôt dans un sens, tantôt dans un autre, selon un processus destiné à se reproduire toujours comme le croient Empédocle d'Agrigente et Héraclite d'Éphèse.
(Aristote, *Traité du ciel*, I, X, 279b, 12)

Héraclite déclare que le monde est un. Héraclite déclare que le monde n'est pas engendré selon le temps, mais selon la pensée. Parménide et Héraclite [...] disent que le ciel est igné. Parménide et Héraclite déclarent que les astres sont des condensations de feu. Héraclite déclare [...] que les astres se nourrissent à partir des exhalaisons de la terre. Héraclite déclare que le soleil est un flambeau intelligent qui sort de la mer. Le soleil en forme de vaisseau, un peu courbé. L'éclipse se produit à cause du retournement de la coque, de sorte que la concavité se porte vers le haut et que le renflement de la courbure se trouve vers le bas, face à nos yeux. La lune a la forme d'un vaisseau. Héraclite déclare que le soleil et la lune subissent les mêmes phénomènes ; car ces astres ont la même figure de vaisseau, et ils reçoivent l'éclat qui s'élève de l'exhalaison humide ; ainsi ils brillent à notre vue, le soleil étant plus brillant parce qu'il se meut dans un air plus pur, alors que la lune, se mouvant dans un air plus trouble, apparaît de ce fait plus pâle. Héraclite déclare que [...] l'éclipse de lune se produit à cause du retournement et des inclinaisons du vaisseau. Héraclite déclare que la grande année compte dix mille huit cents années solaires.
(Aétius, *Opinions*, II)

L'ÉCOLE D'ITALIE. De Pythagore et de l'école qu'il fonda à Crotone, colonie grecque d'Italie du Sud, vers 530 avant notre ère, nous ne savons presque rien. Par son fondateur, cette nouvelle philosophie est ionienne, mais elle prend corps et se développe dans l'Italie méridionale. L'apport essentiel des premiers pythagoriciens à l'astronomie tient aux liens qu'ils tentèrent de tisser entre cette science, les mathématiques et la musique. La découverte de la périodicité des mouvements de tous les corps célestes a

Les présocratiques

renforcé les pythagoriciens dans leur croyance que tout est nombre. Ils s'efforcèrent de fonder une théorie astronomique sur ce principe qu'ils avaient déjà utilisé pour leur théorie musicale et tentèrent d'exprimer les rapports entre les révolutions, les distances des planètes et les accords musicaux : après la Terre venaient d'abord la Lune, puis Mercure, Vénus, le Soleil, Mars, Jupiter et Saturne. Une séquence que les pythagoriciens postérieurs abandonneront pour placer Mercure et Vénus au-dessus du Soleil, parce qu'aucun passage de ces planètes devant celui-ci n'avait été observé. Autre préoccupation pythagoricienne, la Grande Année, rêve d'un éternel retour né de la constatation que tous les corps célestes sont mus de mouvements périodiques réguliers.

Pythagore

Les informations sur Pythagore (VIe siècle av. J.-C.) et ses premiers disciples viennent, soit du pythagorisme renouvelé des dernières années de la République et des quatre premiers siècles de l'ère chrétienne, soit des néo-platoniciens. Malheureusement cette transmission laisse plus de place au merveilleux qu'à la critique historique. On y apprend ainsi que Pythagore est fils d'Apollon ou d'Hermès, qu'il est un être surhumain, qu'il est descendu aux enfers et en est remonté, et qu'il a une cuisse en or. De plus cette transmission manifeste une tendance fâcheuse à enrichir l'ancien pythagorisme de tout l'apport

> Les pythagoriciens ont développé une véritable mystique numérique. Pour eux, les nombres sont bien plus que de la pure quantité : ils constituent les éléments de l'univers et en établissent la cohérence. Aristote reconnaît volontiers ce que les mathématiques doivent aux pythagoriciens. Alors qu'il admet le bien-fondé de la recherche des nombres dans les choses quand elle concerne la théorie musicale, par exemple, il s'insurge contre la conception numériciste du monde.

L'école d'Italie - Pythagore

de la philosophie postérieure, particulièrement platonicienne et stoïcienne, et de tout ramener au Maître, ou de perdre les apports successifs dans l'anonymat, ce qui complique les problèmes d'attribution. Que les premiers pythagoriciens aient été des philosophes de la nature, et qu'ils aient parlé du monde, n'est pas douteux, comme il n'est pas douteux qu'en prenant le nombre pour principe des choses et en cherchant une loi suprême dans une harmonie d'opposition par une méthode purement intellectuelle, sans empirisme, ils aient en quelque sorte dépassé les milésiens et posé les fondements d'une métaphysique. Mais ils restent célèbres surtout pour avoir formé une secte religieuse dont les membres étaient soumis à une règle de vie devant leur assurer purification et salut.

Porphyre explicite ce désir de tisser des liens entre l'astronomie et les mathématiques.

> En ce qui concerne son enseignement, la plupart affirment qu'il a appris des Égyptiens et des Chaldéens ainsi que des Phéniciens ce qui touche aux sciences dites mathématiques. En effet si la géométrie a passionné les Égyptiens depuis les temps les plus reculés, les Phéniciens, eux, se sont fait une spécialité des nombres et des calculs arithmétiques, et les Chaldéens de la spéculation astronomique.
> (Porphyre, *Vie de Pythagore*, 6)

Philolaos

Philolaos de Crotone (Ve siècle av. J.-C.) est l'un des pythagoriciens les plus cités. Deux écrits pythagoriciens, *De la nature* et *Les Bacchantes*, portent sa signature. Son influence s'est étendue bien au-delà du cercle des pythagoriciens, on la trouve chez les platoniciens et les aristotéliciens. Il semble être à l'origine d'un certain nombre de progrès importants de l'école pythagoricienne. Sur le plan ontologique, il se démarque de ses prédécesseurs, et accorde la première place au couple d'opposés de l'Illimité et de la Limite, puis viennent, dépendant respectivement de ces premiers termes, le Pair et l'Impair, le Multiple et l'Un. En cela il est la source directe de Platon,

Les présocratiques

et donc des doctrines non écrites développées dans les leçons de l'Académie : les critiques formulées par Aristote concernent surtout Philolaos. À suivre les témoignages des doxographes sur les conceptions de Philolaos aussi bien sur les principes et les dieux que sur le cosmos, la physiologie et la psychologie, on peut penser que Philolaos fut l'un des penseurs les plus importants de l'école pythagoricienne.

On doit à Aétius l'essentiel des témoignages sur l'ordre céleste selon Philolaos.

Pour Philolaos, c'est le feu qui occupe le milieu de l'univers dans la région du centre, qu'il dénomme d'ailleurs foyer de l'univers, demeure de Zeus, mère des dieux et encore autel, rassembleur et mesure de la nature. De plus, c'est un autre feu qui tout là-haut constitue l'enveloppe de l'univers. Le milieu est par nature premier, et autour de lui mènent leur ronde dix corps divins : le ciel et après lui la sphère des fixes, les cinq planètes auxquelles il ajoute le soleil, sous le soleil la lune, et sous la lune, la terre et sous la terre, l'anti-terre. C'est après eux tous que se situe le feu qui occupe la place du foyer central. […]

Philolaos appelle Olympe la partie la plus haute, l'enveloppe où l'on trouve les éléments les plus purs ; il appelle cosmos l'espace qui s'étend sous la rotation de l'Olympe, où se trouvent les cinq planètes ainsi que le soleil et la lune, et il nomme ciel la région sublunaire

> **C**opernic cite Philolaos parmi les Anciens qui ont osé donner quelque mouvement à la terre. Cependant, Philolaos ne peut pas être considéré comme un précurseur de l'héliocentrisme : dans son système, qu'on peut qualifier de "pyrocentrique", tous les corps célestes, y compris le soleil, tournent autour d'un feu central.

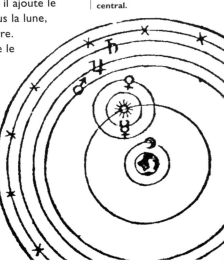

L'école d'Italie - Philolaos

proche de la terre et située sous les planètes, qui est le domaine de la génération de ce qui est apte au changement. Dans le monde des corps célestes fixes, la sagesse règne, alors que le monde désordonné des choses en devenir connaît la vertu ; la sagesse est parfaite, la vertu, imparfaite.
(Aétius, *Opinions*, II, VII, 7 et III, XI, 3)

Pour Philolaos, il existe deux causes possibles de la destruction du monde : ou bien le feu tombe du ciel, ou bien l'eau tombe de la région lunaire, ce qui provoque un tourbillonnement de l'air. Ce sont d'ailleurs leurs exhalaisons qui alimentent le monde. [...] Pour le pythagoricien Philolaos, le soleil est fait de cristal et reçoit la réverbération du feu contenu dans le monde : il en filtre pour nous la lumière et en atténue la chaleur. Si bien que l'on peut dire qu'il y a deux soleils : le soleil contenu dans le ciel, qui est de feu, et le soleil qui semble de feu sous l'action du premier et qui n'en est que le miroir ; à moins qu'on ne doive appeler troisième soleil le rayonnement diffracté en provenance du miroir : c'est lui en fait que nous percevons et que nous appelons le soleil ; mais il n'est que l'image d'une image. [...] Pour certains pythagoriciens, dont Philolaos, il est évident que la lune est faite de terre, parce que – comme elle – elle est habitée sur toute sa surface par des animaux et des végétaux, encore plus grands et plus beaux. En effet, dit-il, les animaux qui l'habitent sont quinze fois plus forts, mais ils ne rejettent aucun excrément ; quant à la journée lunaire, sa durée est quinze fois supérieure à celle du jour terrestre.
(*Idem*, II, V, 3 ; XX, 12 et XXX, 1)

Archytas

Contemporain de Platon, qu'il fréquenta, Archytas de Tarente (430-348) est le dernier des grands pythagoriciens. Disciple de Philolaos, semble-t-il, pour ce qui touche à la physique et à la biologie, il va engager la doctrine pythagoricienne sur des voies nouvelles. Il développe principalement trois domaines de recherche : d'abord la mathématique et la géométrie, où il va introduire la mécanique (il est

Les présocratiques

connu pour avoir construit des figures géométriques en volume et la légende veut qu'il ait fabriqué une colombe mécanique capable de voler) ; puis, en liaison avec ses théories mathématiques, la musique ; et enfin, la biologie, où il renouvelle la théorie des sensations. Quant à la pensée cosmologique, il reste célèbre pour avoir formulé ce que l'on appelle l'énigme – certains disent le paradoxe – de la flèche ou du bâton, une énigme qui met le doigt sur la difficulté de concevoir un monde fini. À quoi Aristote répondra que si un monde fini est énigmatique, un monde infini est impossible.

Simplicius, citant Eudème, nous apprend que l'on doit à Archytas l'énigme du bâton.

Cette gravure, parfois présentée à tort comme nous venant du Moyen Âge, est en fait un montage, réalisé au début du XXe siècle, de deux gravures de la Renaissance. Elle illustre parfaitement la difficulté que rencontre l'esprit lorsqu'il cherche à se représenter l'univers dans sa totalité. En effet, si l'esprit recule devant la représentation d'un univers infini, celle d'un univers fini se heurte à l'énigme d'Archytas : la main de ce moine, qui est allé jusqu'au bout du monde, que rencontre-t-elle au-delà de l'enveloppe ultime de l'univers ?

L'école d'Italie - Archytas

Au dire d'Eudème, Archytas posait ainsi le problème : "Si je me trouvais à la limite extrême du ciel, autrement dit sur la sphère des fixes, pourrais-je tendre au-dehors la main ou un bâton, oui ou non ? Certes, il est absurde que je ne puisse pas le faire ; mais, si j'y parviens, cela implique l'existence d'un dehors, corps ou lieu" (ce qui n'a guère d'importance, nous allons le voir). On avancera donc sans cesse de la même manière, vers la limite sans cesse atteinte, en posant la même question et, comme ce qu'atteindra le bâton sera sans cesse autre, il est clair que cet autre est aussi illimité. Si l'extérieur du ciel est un corps, la question est résolue ; si c'est un lieu, en tant que tel il contient ou peut contenir un corps ; or ce qui est en puissance doit — dans le domaine des choses éternelles — être tenu pour existant ; et de cette façon le corps, ainsi que le lieu, seront illimités.
(Simplicius, *Commentaire sur la Physique d'Aristote*, 467, 26)

Parménide

Parménide, avec Empédocle, se rattache à l'école d'Élée (tout comme Xénophane et Zénon). Selon Platon, Parménide serait venu à Athènes et y aurait rencontré Socrate alors jeune, ce qui le fait naître vers 515 av. J.-C. Quels que soient les rapports que Parménide eut avec Xénophane de Colophon, l'influence de ce dernier sur sa pensée est indéniable, ne serait-ce que dans son vocabulaire et dans son épistémologie. Son unique ouvrage, un long poème en hexamètres consacré à la nature dont de larges fragments nous sont parvenus, fut très célèbre bien que son style ait toujours été jugé médiocre. Dans l'introduction, on voit le poète conduit par les Filles du Soleil jusqu'au lieu où se divisent les routes du jour et de la nuit et où s'ouvre la porte d'accès à la déesse qui guidera le poète sur la vraie voie de la connaissance, celle de la vérité immuable qui ressortit à la pensée logique, et qui le mettra en garde contre l'autre voie, celle des apparences, qu'utilise la pensée empirique. Une opposition qui ne se réduit pas à deux modes de pensée mais qui porte sur deux essences : l'Être, qui s'impose nécessairement, et sa négation, le non-Être, qui se trouve exclue.

Les présocratiques

Alexandre d'Aphrodise, citant Théophraste, nous rappelle les deux voies que Parménide oppose, celle de l'Être et celle du non-Être, auxquelles correspondent les deux parties de son poème, celle qui expose le "cœur inébranlable de la Vérité bellement circulaire" et celle qui dénigre les "opinions des mortels dans lesquelles il n'est rien qui soit vrai ni digne de crédit".

> Parménide d'Élée, fils de Pyrès, qui vint après Xénophane, s'engagea sur deux voies. Il affirme en effet que l'univers est éternel, et s'efforce de rendre compte de la génération des existants, sans conserver une attitude semblable touchant ces deux aspects de ses théories. Ainsi, du point de vue de la vérité, il admet que l'univers est un, inengendré, sphérique ; mais, du point de vue de l'opinion du plus grand nombre, afin de rendre compte de la génération des phénomènes, il prend deux principes, le feu et la terre, celle-ci comme matière, celui-là comme cause et agent.
> (*Commentaire sur la métaphysique d'Aristote*, A, III, 984b, 3)

Cette attitude ne va pas sans engendrer des contradictions que souligne Hippolyte.

> En effet, Parménide forme encore l'hypothèse que l'univers est éternel, inengendré et sphérique. Cela n'empêche pas qu'il renonce à s'écarter de l'opinion commune : selon lui, le feu et la terre sont les principes de l'univers, la terre étant la matière, le feu étant la cause efficiente et l'agent. Il disait que le monde est sujet à la corruption, sans préciser comment ; mais il disait en même temps que le monde est éternel, non engendré, sphérique et semblable, ne comportant pas de lieu en lui-même, immobile et limité.
> (Hippolyte, *Réfutation de toutes les hérésies*, I, 11)

Contradictions, entre voie de la raison et voie de la sensation, qu'Aristote s'efforce de comprendre.

> Parménide paraît s'être attaché à l'Un selon la raison, et Mélissos à l'Un selon la matière ; c'est pourquoi le premier déclare l'Un limité et le second le déclare illimité. [...] Parménide, semble-t-il, fait preuve

d'une pensée plus pénétrante. Car, estimant que, s'ajoutant à l'Être, le non-Être n'existe pas, il considère que nécessairement l'Être est un et qu'il n'existe rien d'autre [...].

Mais forcé de tenir compte des phénomènes et de reconnaître que, si le point de vue de la raison exige l'Un, le point de vue de la sensation exige les multiples, il pose derechef deux causes et deux principes, le chaud et le froid, autrement dit le feu et la terre. Et parmi ces principes, il range le chaud dans la catégorie de l'Être et l'autre dans la catégorie du non-Être.
(Aristote, *Métaphysique*, A, V, 986b, 27)

Bien que, selon la voie de la Vérité, le monde soit Un, éternel, inengendré et immuable, la voie de l'opinion mène à une cosmogonie qu'Aétius résume, après avoir relaté la cosmologie de Parménide.

Parménide et Métrodore pensaient que le soleil est fait de feu [...] que la lune est faite de feu. Parménide pensait que la lune est égale au soleil, car c'est de lui qu'elle tire son éclat. Thalès fut le premier à déclarer que la lune est illuminée par le soleil. Pythagore et Parménide de même. Parménide pensait que le soleil et la lune se sont formés par séparation de la Voie lactée, et que celui-ci est formé à partir d'un mélange subtil qui est chaud, alors que celle-là est formée d'un mélange dense qui est froid. Parménide pensait que la couleur laiteuse est un effet du mélange du dense et du léger. [...]

Parménide et Démocrite pensent qu'étant donné que la Terre est en tous sens également distante, elle demeure en repos et en équilibre, car il n'y a pas de cause susceptible de la faire pencher plutôt d'un côté que de l'autre. Telle est l'unique raison pour laquelle elle subit des secousses sans pour autant se mouvoir.
(Aétius, *Opinions*, II et III)

Parménide disait qu'il existe des couronnes faites d'entrelacs et concentriques, l'une formée du ténu, l'autre formée du dense. Entre elles se trouvent d'autres couronnes formées d'un mélange de lumière et d'obscurité. Et ce qui les contient toutes est solide comparable à un rempart, sous lequel se trouve une couronne de feu ; et au milieu de toutes se trouve un solide, ceint de nouveau d'une

Les présocratiques

autre couronne de feu. La couronne la plus centrale parmi les couronnes résultant du mélange, est pour toutes le principe et la cause du mouvement et de la génération, qu'il dénomme : Divinité / Qui régit toutes choses / [qui] en détient les clefs, / Justice et Nécessité. L'air se forme par une séparation de la terre, due à une évaporation provoquée par sa contraction violente, alors que le soleil et la Voie lactée sont une exhalaison de feu ; la lune est un mélange constitué de ces deux exhalaisons, celle de l'air et celle du feu. L'éther, lui, est rassemblé dans la région la plus haute et c'est au-dessous de lui que se trouve placée la substance ignée à laquelle nous donnons le nom de ciel, sous lequel alors se trouvent elles-mêmes placées les sphères terrestres.
(Aétius, *Opinions*, II, VII, 1)

Empédocle

Si on connaît assez bien la personnalité de cet aristocrate d'Agrigente, qui s'est voulu proche du peuple, on sait peu de chose de sa vie, si ce n'est qu'elle s'est écoulée en Sicile entre les dix premières années du Ve siècle et 430 environ. Se croyant investi d'une mission et d'un pouvoir surnaturels, il tient à fonder une physique qui non seulement nous permet d'accéder à la vérité des choses mais nous permet de régner sur elles par des moyens magiques. La pensée d'Empédocle semble avoir subi au moins trois influences, celle du pythagorisme, celle de l'éléatisme et celle, opposée, d'Héraclite. À la différence de Parménide, la beauté de ses poèmes sur la nature lui a, dès l'Antiquité, valu l'admiration. Son apport le plus évident, et le plus reconnu, à la physique est l'abandon de la matière unique de la physique ionienne pour lui substituer quatre

L'idée que la diversité du monde naît de la composition et de la combinaison de quelques éléments simples – terre, air, eau, feu – parcourt toutes les théories physiques de l'histoire, d'Empédocle à Mendeleïev.

Empédocle

racines qui, à partir de Platon, prendront le nom d'éléments. Ces racines sont la substance éternelle des choses, identiques à elles-mêmes, parménidéennes, elles sont ce qu'elles ont toujours été et ce qu'elles seront toujours.

Aétius interprète Empédocle dans ses *Opinions*.

> Empédocle d'Agrigente, fils de Méton, pense qu'il existe quatre éléments, le feu, l'air, l'eau et la terre. […] Par Zeus, il désigne l'effervescence et l'éther ; par Héra, mère de vie, l'air ; par Aidônéus, la terre, et par Nestis, aux pleurs dont les mortels s'abreuvent, la semence et l'eau.
> (*Idem*, I, III, 20)

Dès l'Antiquité, tous reconnaissaient l'eau en Nestis, mais les débats furent vifs quant à l'identification des trois autres. À ces quatre constituants du monde, Empédocle ajoutait deux principes : l'Amitié, puissance unifiante, et la Haine, puissance séparatrice.

> Empédocle disait que l'Un est sphérique, éternel et immobile et que, d'une part l'Un est la nécessité, d'autre part sa matière est constituée par les éléments, et ses formes par la Haine et l'Amitié. Il pense encore que les quatre éléments sont des dieux et que le monde est leur mélange, et qu'en plus d'eux est le Sphairos, en qui toutes choses se dissoudront.
> (*Idem*, I, VII, 28).

> Ainsi Empédocle le premier, et contrairement à ses prédécesseurs, introduit la division de la cause, en posant l'existence non d'un principe unique du mouvement, mais de principes doubles et contraires. En outre, il fut le premier à parler des quatre éléments, qu'on dit être de nature matérielle ; mais il ne fait pas usage des quatre, et il s'en sert comme s'ils étaient deux seulement. Il y a le feu en lui-même d'une part, et d'autre part, opposés à lui et constituant comme une nature unique, la terre, l'eau et l'air.
> (Aristote, *Métaphysique*, A, IV, 985a, 21)

Les présocratiques

'ÉCOLE D'ABDÈRE. L'œuvre de Leucippe et de Démocrite est le couronnement de la philosophie grecque avant Platon.
L'élaboration de l'atomisme ancien, commencée par Leucippe, s'achève, vers 440 av. J.-C., avec Démocrite, natif d'Abdère. Si Démocrite est considéré comme le fondateur de l'école d'Abdère, il est difficile de séparer sa contribution à la théorie atomiste de celle de Leucippe, et il est tentant, comme le fit Aristote, de ne pas les séparer. Si, par exemple, *Le Grand Système du monde* est ordinairement attribué à Démocrite, Diogène Laërce mentionne que les disciples de Théophraste l'attribuent à Leucippe. Pour les atomistes, l'Être est une multiplicité infinie d'éléments qui se meuvent dans le vide et qui sont si petits qu'ils échappent à nos sens. Lorsque ces atomes se rencontrent, s'unissant par contact, ils produisent la génération, et lorsqu'ils se séparent, la corruption. Les Abdéritains espèrent ainsi, par l'infinité des atomes impassibles, tout à la fois sauver l'Un immuable de Parménide, éternellement identique à lui-même, et rendre compte de la multiplicité d'un monde que l'expérience révèle en perpétuel changement.

Leucippe

S'il apparaît certain que Leucippe (460-370), en réponse aux théories des éléates, est l'inventeur de la théorie atomiste, la plus grande incertitude règne quant à sa vie. Certains le font naître à Milet pour souligner l'influence de la philosophie ionienne sur sa pensée : l'infinité des atomes n'est en effet qu'une forme de l'illimitation de la matière propre à Anaximandre, et le vide, simple condition de la possibilité du mouvement, devenant la cause même du mouvement et remplissant la même fonction que l'intellect chez Anaxagore. D'autres le font naître à Élée, et en font l'élève de Parménide, pour inscrire l'atomisme dans la tradition éléate. Enfin ceux qui font de Leucippe un citoyen d'Abdère veulent insister sur son originalité et le présenter comme le véritable fondateur de l'atomisme tel que le développeront Démocrite, que Leucippe

L'école d'Abdère - Leucippe

aurait rencontré, puis Épicure, qui tient pourtant Leucippe comme négligeable. Il est vrai qu'on trouve chez Leucippe les concepts de l'Un et du vide comme principes, les atomes comme éléments en nombre illimité, la théorie des simulacres, la nécessité comme substitut aux causes finales ou à la providence.

Simplicius et Aétius résument ces principes essentiels.

> Les disciples de Démocrite et de Leucippe disaient que, selon eux, il y a du vide non seulement dans le monde, mais encore en dehors du monde.
> (Simplicius, *Commentaire sur la physique d'Aristote*, 648, 12)

> Leucippe et Démocrite soutiennent que les mondes, en nombre illimité et résidant dans le vide illimité, sont formés à partir d'un nombre illimité d'atomes.
> (Aétius, *Commentaire sur le Traité du ciel*, 202, 16)

> Leucippe et Démocrite disent que le monde est sphérique. […] Leucippe et Démocrite disent que le monde n'a pas d'âme et n'est pas régi par la providence, mais au contraire par une nature irrationnelle, et qu'il est formé d'atomes.
> (Aétius, *Opinions*, II, II, 2 et II, III, 2)

L'univers des atomistes est peuplé d'une infinité de mondes. Pour former chacun d'eux, les atomes se rassemblent dans un grand vide, les plus petits allant à la périphérie des mondes et les plus gros au centre.

Aétius résume également la cosmogonie et la cosmologie de Leucippe.

> Le monde a donc été constitué et arrangé selon une configuration incurvée, de la manière suivante. Les corps atomiques étant dotés d'un mouvement non concerté et aléatoire, et se mouvant continûment et promptement, de nombreux corps se conglomérèrent en un même lieu, qui possédaient pour cette raison une grande diversité de figures et de

grandeurs. Une fois ainsi rassemblés en un même lieu, les plus grands et aussi les plus lourds occupèrent la position la plus basse, tandis que les petits, arrondis, lisses et glissants, se trouvèrent chassés par compression et emportés vers la région céleste. Puis, quand la force du choc qui les chassait vers le haut eut décru, du fait qu'elle gagnait en altitude, et que l'impulsion, au lieu de les pousser vers les hauteurs, se borna désormais à s'opposer à la retombée des atomes légers, elle se mit à les refouler vers les lieux ayant puissance de les recevoir. Ceux-ci se trouvaient à la périphérie, et c'est vers eux qu'elle fit obliquer la multitude des atomes. Leur entrelacement mutuel épousa cette obliquité, donnant naissance à la voûte céleste. Les atomes constitutifs de la même nature étant fort divers, ainsi que nous l'avons dit, formèrent, en étant repoussés vers la région céleste, la substance des étoiles.

Éclipse

La multitude des corps aspirés vers le haut modela l'air et le comprima. Celui-ci acquit, en fonction du mouvement, la consistance du souffle et du vent, et embrassant les étoiles, les mena ensemble circulairement et maintint dans la région céleste leur actuelle révolution. Ensuite naquit la terre, formée des atomes occupant la position inférieure, tandis que ceux d'en haut donnaient naissance à la voûte céleste, au feu et à l'air.

Lune

Une grande quantité de matière vint encore s'enrouler dans la terre et se condensa sous l'effet des assauts du vent et des brises venant des étoiles ; alors, l'ensemble de sa configuration faite de petites particules produisit un effet de compression qui donna naissance à la substance humide. Celle-ci vint s'écouler en flots abondants dans les cavités susceptibles de l'accueillir et de la contenir ; ou bien encore, l'eau proprement dite, occupant la couche inférieure, se creusa un séjour dans les endroits situés au-dessous d'elle. Telle est la manière dont furent engendrées les parties principales du monde.
(Aétius, *Opinions*, I, IV, 1-4)

Diogène Laërce décrit la génération et la dissolution de mondes multiples.

L'école d'Abdère - Leucippe

L'univers est, dit-il, ainsi que nous l'avons mentionné, illimité. Il est formé à la fois du plein et du vide, auxquels il donne aussi le nom d'éléments. C'est de lui que se forment, en nombre illimité, des mondes, et c'est à lui qu'aboutit leur dissolution.

La génération des mondes se produit ainsi : dans une section, de multiples corps de formes diverses se trouvent transportés de l'Illimité vers le Grand Vide ; leur rassemblement produit un tourbillon unique grâce auquel, se heurtant et tournoyant en tous sens, ils se séparent en formations distinctes, les corps semblables se rejoignant. Étant donné que leur grand nombre ne leur permet pas de circuler en équilibre, les corps légers prennent la direction du vide extérieur, comme par un effet de criblage, tandis que les autres se rassemblent, s'entrelacent et font course commune pour produire un premier système sphérique. […]

Le cercle du soleil est le plus extérieur, celui de la lune le plus rapproché de la terre, ceux des autres astres occupant l'intervalle. Toutes les étoiles sont embrasées du fait de la vitesse de leur mouvement, tandis que le soleil est allumé par les étoiles et que la lune ne reçoit qu'un peu de feu. […] Les éclipses du soleil sont rares tandis que celles de la lune sont continues à cause de l'inégalité de leurs orbites. De même qu'il y a des générations du monde, de même aussi il y a des augmentations, des diminutions et des corruptions en fonction d'une certaine nécessité dont il ne précise pas la nature.
(Diogène Laërce, *Vies*, IX, 30-33)

Démocrite

Parmi les nombreuses contradictions qui peuplent les témoignages sur Démocrite, il est difficile de déceler celles qui proviennent de l'évolution de sa pensée (d'autant plus qu'on attribue à Démocrite une longévité assez rare,

> Les hommes ont assez vite compris que les éclipses étaient dues à l'interposition de la terre entre le soleil et la lune, ou à celle de la lune entre la terre et le soleil, mais la première théorie connue des éclipses est celle de Ptolémée, au IIe siècle apr. J.-C.

Les présocratiques

de l'ordre de cent ans) et celles qui proviennent de l'amalgame entre ses théories et celles de Leucippe, ou même de théories plus tardives. Ainsi des doxographes attribuent à Démocrite le mérite d'avoir ajouté aux différences quantitatives des atomes une différence qualitative, la pesanteur. Certes les atomes de Démocrite peuvent avoir un poids proportionnel à leur étendue, mais cela ne les affecte pas d'une qualité essentielle et première : le lourd et le léger. Il est plus raisonnable d'attribuer une telle nouveauté à Épicure, qui souhaitait, par cet ajout, répondre à la critique d'Aristote qui reprochait aux atomistes de n'avoir pas cherché dans les qualités des atomes la cause de leurs mouvements.

Aétius révèle les conceptions cosmologiques de Démocrite.

> Démocrite pensait qu'il existe deux attributs : la grandeur et la figure, tandis qu'Épicure en ajoute un troisième, la pesanteur ; car, déclare-t-il, il faut nécessairement que les corps reçoivent l'impulsion de la pesanteur pour se mouvoir. [...] Démocrite déclare que les corps primordiaux (c'est-à-dire pour lui les compacts) sont dépourvus de pesanteur, mais se meuvent par chocs mutuels dans l'Illimité. Et il est possible qu'il existe un atome de la taille du monde.
> (Aétius, *Opinions*, I, III, 18 et XII, 6)

Simplicius résume les conceptions des premiers atomistes.

> Quelques remarques tirées des ouvrages d'Aristote sur Démocrite éclaireront la conception des atomistes : Démocrite estime que la nature des entités éternelles consiste en de petites substances illimitées en nombre. Il leur assigne par hypothèse un lieu distinct d'elles, illimité en grandeur. Au lieu, il donne les noms de vide, de rien, d'illimité ; à chacune des substances les noms de chose, d'élément compact et d'existant. Il pense que les substances sont si petites qu'elles échappent à nos sens ; elles admettent des variations de forme, des variations de figure, et des différences de grandeur.
>
> C'est à partir de ces substances qui jouent le rôle d'éléments que, pour lui, se produit la génération, et que se composent les objets

L'école d'Abdère - Démocrite

visibles et les particules sensibles ; elles sont sujettes à des déplacements dans le vide en raison de leur dissimilitude et des autres différences mentionnées plus haut. Et, au cours de ces translations, elles se heurtent et s'imbriquent tellement les unes dans les autres qu'elles finissent par adhérer et se rassembler, sans pour autant que soit engendrée à partir d'elles – à dire le vrai – une nature une, quelle qu'elle soit, car il serait absurde de croire que deux ou plusieurs puissent jamais engendrer l'Un.

Le fait que les réalités demeurent liées pendant un certain temps s'explique par les accrochages et les entremêlements des corps : les uns sont scalènes, d'autres en forme d'hameçon, d'autres concaves, d'autres convexes et d'autres présentent d'autres innombrables différences. Démocrite pense que pour cette raison les atomes s'accolent et ne demeurent ensemble que jusqu'à ce que quelque nécessité plus forte venue de l'extérieur les fende d'une secousse et les disperse séparément.

(Simplicius, *Commentaire sur le Traité du ciel d'Aristote*, 294, 33)

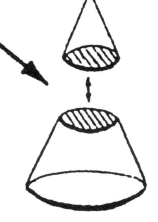

Démocrite s'est également préoccupé de questions mathématiques, notamment sur les sections d'un cône, se demandant si ces sections, faites parallèlement à sa base, avaient ou non la même superficie : ce qui l'amena à réfléchir aux infiniment petits.

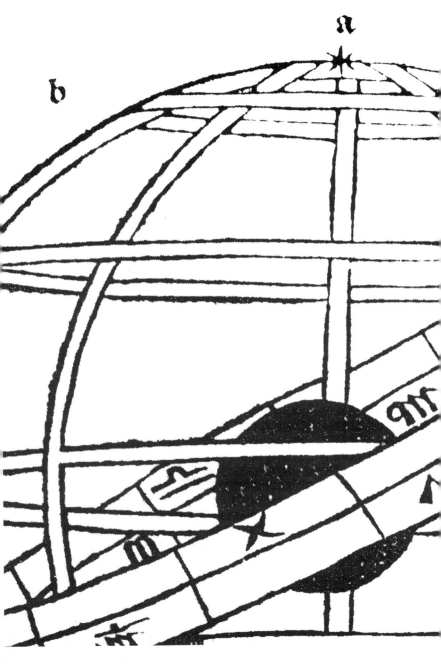

3. La science grecque

On considère généralement que la science grecque naît avec Socrate (470-399); les témoignages sur le philosophe sont nombreux, mais contradictoires, et les écoles socratiques, distinctes, mais souvent opposées. De plus, Socrate n'a jamais consigné son enseignement oral par écrit, notre connaissance de la plus grande figure de la pensée grecque est aussi médiocre que celle des penseurs présocratiques. Du moins sait-on que l'enseignement des sciences n'était pas absent de son école; on y étudiait la physique, l'astronomie, la géographie et la météorologie. Tous les systèmes philosophiques ultérieurs, quelle que soit leur dette vis-à-vis de l'Égypte et de l'Asie, dériveront plus ou moins directement de l'école socratique. Si, au temps de Platon, le sol semble s'affermir sous les pas des historiens, c'est pour se dérober de nouveau aussitôt: nous avons un accès direct au platonisme et à l'aristotélisme par un impressionnant corpus conservé de leurs maîtres, en revanche nous ne connaissons le stoïcisme et l'épicurisme que par des fragments et des témoignages indirects et tardifs. À ces systèmes nous devons les premières manifestations d'une pensée rationnelle sur le monde.

Non seulement le *Timée* est la première cosmologie jamais écrite, c'est-à-dire la première représentation globale, cohérente et rigoureuse de l'univers physique, mais Platon, pour la première fois dans l'histoire, y développe une théorie de la connaissance, et y fait des mathématiques l'instrument privilégié de l'enchaînement des conséquences qui découlent des axiomes qu'il a posés. Ainsi Aristote, mettant une logique redoutablement efficace au service d'une physique, certes fausse mais solidement ancrée dans l'expérience commune, construit un imposant édifice qui dominera la science occidentale durant deux mille

La science grecque

ans. Ainsi l'épicurisme développera une physique atomique où seront absents Dieu et les causes finales, et où tous les phénomènes auront une explication mécanique. Si ce matérialisme mécaniste peut apparaître très moderne, en revanche le fait que pour les épicuriens, dans le détail des phénomènes physiques, il peut en être ainsi aussi bien qu'autrement, et que nous soyons libres de croire ce que nous voudrons sur la grandeur réelle des astres, ou sur la cause réelle de leurs levers et de leurs couchers, est assez loin de l'esprit scientifique d'aujourd'hui. Au matérialisme et au mécanisme épicuriens les stoïciens opposeront idéalisme et vitalisme, et construiront une physique qui ne laisse aucune place au hasard, et où le finalisme règne en maître. Pour les uns, des mondes infinis en nombre infini, pour les autres un monde unique et fini. Pour les uns des atomes insécables, pour les autres une division de la matière à l'infini, un mélange total sans aucun vide partiel, mais un vide infini en dehors du monde.

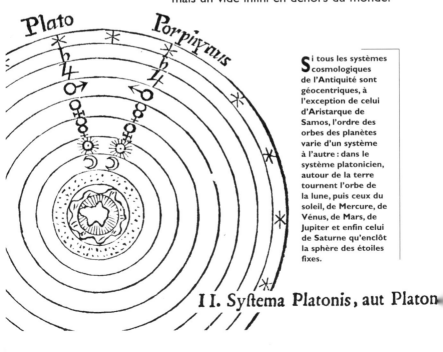

Si tous les systèmes cosmologiques de l'Antiquité sont géocentriques, à l'exception de celui d'Aristarque de Samos, l'ordre des orbes des planètes varie d'un système à l'autre : dans le système platonicien, autour de la terre tournent l'orbe de la lune, puis ceux du soleil, de Mercure, de Vénus, de Mars, de Jupiter et enfin celui de Saturne qu'enclôt la sphère des étoiles fixes.

11. Syſtema Platonis, aut Platon

Platon

Platon est né à Athènes en 427 av. J.-C. Ses origines le destinaient à l'intense et redoutable vie politique athénienne. Mais, à vingt ans, la rencontre de Socrate, dont il devient l'élève, infléchit le cours de sa vie. Le *Timée*, entretien qui se déroule entre Socrate, Critias, Hermocrate et Timée, est le premier texte d'une trilogie : il devait être suivi de *Critias*, inachevé, et d'*Hermocrate*, jamais écrit. Probablement rédigé entre 358 et 356, tandis que Platon est de retour à Athènes après une longue absence, le *Timée* est une œuvre de la dernière période du philosophe. C'est un de ses textes les plus difficiles, mais en dépit de ses obscurités, sa fortune est partagée avec bien peu d'autres textes de l'Antiquité. Pour ses disciples immédiats, il est l'œuvre capitale du maître. Aristote s'y réfère souvent ; Épicure a consacré un livre entier à le réfuter ; les philosophes et les savants de l'école d'Alexandrie l'ont admiré ; les savants chrétiens, arabes et juifs l'ont vénéré à l'égal de leurs livres canoniques. Jusqu'au XVIIe siècle, le *Timée* restera un texte de référence qui influencera entre autres Galilée et Kepler. Traduit en latin par Cicéron, du moins en partie, puis par un certain Chalcidius, le *Timée* nous est parvenu grâce à de nombreux manuscrits dont les plus anciens ont été réalisés à Constantinople plus d'un millénaire après la mort de Platon.

Le cœur du *Timée* est une cosmogonie. Mais ce monde existe-t-il de toute éternité, ou bien a-t-il eu un commencement ? Et, s'il a été créé à un moment donné, selon quel modèle ?

Il est né, car il est visible et tangible et il a un corps. En effet, toutes les choses de cette sorte sont sensibles et tout ce qui est sensible et appréhendé par l'opinion et la sensation est évidemment soumis au devenir et à la naissance. Mais tout ce qui est né, il est nécessaire, nous l'avons dit, que cela soit né par l'action d'une cause déterminée. […] Or, si ce monde est beau et si l'ouvrier est bon, il est clair qu'il fixe son regard sur le modèle éternel. […] Mais s'il en est ainsi, il est aussi absolument nécessaire que ce monde-ci soit

La science grecque

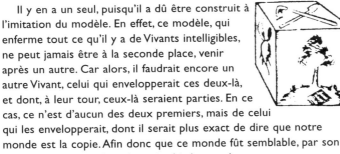

l'image de quelque autre monde.
(Platon, *Timée*, 28b-29c)

Si notre monde est l'image d'un autre monde, est-on en droit d'affirmer qu'il existe un seul monde ?

Il y en a un seul, puisqu'il a dû être construit à l'imitation du modèle. En effet, ce modèle, qui enferme tout ce qu'il y a de Vivants intelligibles, ne peut jamais être à la seconde place, venir après un autre. Car alors, il faudrait encore un autre Vivant, celui qui envelopperait ces deux-là, et dont, à leur tour, ceux-là seraient parties. En ce cas, ce n'est d'aucun des deux premiers, mais de celui qui les envelopperait, dont il serait plus exact de dire que notre monde est la copie. Afin donc que ce monde fût semblable, par son unité au Vivant absolu, celui qui a fait le monde n'a fait ni deux mondes, ni un nombre infini. Mais ce ciel-ci est un, seul de son espèce. Tel il est né et il continuera d'être.
(*Idem*, 31a-31b)

Ce monde unique, de quoi est-il composé et comment a-t-il été composé ?

Or, évidemment, il faut que ce qui naît soit corporel et, par suite, visible et tangible. Et nul être visible ne pourrait naître tel, s'il était privé de feu ; nul être tangible ne pourrait naître tel sans quelque solide, et il n'existe pas de solide sans de la terre. De là vient que le Dieu, commençant la construction du corps du monde, a débuté, pour le former, par prendre du feu et de la terre. Mais, que deux termes forment seuls une belle composition, cela n'est pas possible, sans un troisième. Car il faut qu'au milieu d'eux, il y ait quelque lien qui les rapproche tous les deux. [...]

> **P**laton emprunte à Empédocle la théorie des quatre éléments constitutifs du monde, mais il leur associe les figures de quatre des cinq polyèdres réguliers : au feu revient le tétraèdre (4 faces) ; à la terre, le cube (6 faces) ; à l'air, l'octaèdre (8 faces) ; à l'eau, l'icosaèdre (20 faces). Le dernier des polyèdres réguliers, le dodécaèdre (12 faces), est attribué au Tout.

Platon

Si donc le corps du monde avait dû être un plan n'ayant aucune épaisseur, une médiété unique eût suffi à la fois à se donner l'unité et à la donner aux termes qui l'accompagnent. Mais, en fait, il convenait que ce corps fût solide, et, pour harmoniser des solides, une seule médiété n'a jamais suffi : il en faut toujours deux. Ainsi, le Dieu a placé l'air et l'eau au milieu, entre le feu et la terre, et il a disposé ces éléments les uns à l'égard des autres, autant qu'il était possible dans le même rapport, de telle sorte que ce que le feu est à l'air, l'air le fût à l'eau, et que ce que l'air est à l'eau, l'eau le fût à la terre. De la sorte, il a uni et façonné un ciel à la fois visible et tangible.

Par ces procédés et à l'aide de ces corps ainsi définis et au nombre de quatre, a été engendré le corps du monde.
(*Idem*, 31b-32c)

Quelle forme le démiurge a-t-il donné au monde ?

Quant à sa figure, il lui a donné celle qui lui convient le mieux et qui a de l'affinité avec lui. Or, au Vivant qui doit envelopper en lui-même tous les vivants, la figure qui convient est celle qui comprend en elle-même toutes les figures possibles. C'est pourquoi le Dieu a tourné le monde en forme sphérique et circulaire, les distances étant partout égales depuis le centre jusqu'aux extrémités. C'est là de toutes les figures la plus parfaite et la plus complètement semblable à elle-même. En effet, le Dieu pensait que le semblable est mille fois plus beau que le dissemblable. Quant à sa surface extérieure, il l'a très exactement polie et arrondie.
(*Idem*, 33b)

Et quels mouvements lui a-t-il imprimés ?

En effet, il lui a donné le mouvement corporel qui lui convenait, celui des sept mouvements qui concerne principalement l'intellect et la réflexion. C'est pourquoi, lui imprimant sur lui-même une révolution uniforme, dans le même lieu, il l'a fait se mouvoir d'une rotation circulaire ; il l'a privé des six autres mouvements et il l'a empêché d'errer par eux.
(*Idem*, 34a)

La science grecque

Quand le démiurge eut engendré le monde, il s'efforça de le rendre plus semblable encore à son modèle – un Vivant éternel – en lui donnant l'éternité.

Or, c'est la substance du Vivant-modèle qui se trouvait être éternelle, nous l'avons vu, et cette éternité, l'adapter entièrement à un monde engendré, c'était impossible. C'est pourquoi son auteur s'est préoccupé de fabriquer une certaine imitation mobile de l'éternité, et, tout en organisant le ciel, il a fait, de l'éternité immobile et une, cette image éternelle qui progresse suivant la loi des nombres, cette chose que nous appelons le temps. En effet, les jours et les nuits, les mois et les saisons n'existaient point avant la naissance du ciel, mais leur naissance a été ménagée, en même temps que le ciel a été construit. […] Or, en vérité, l'expression *est* ne s'applique qu'à la substance éternelle. Au contraire *était*, *sera* sont des termes qu'il convient de réserver à ce qui naît et progresse dans le temps. Car ce ne sont que des changements. Mais ce qui est toujours immuable et inchangé, cela ne devient ni plus vieux, ni plus jeune, avec le temps, et jamais cela ne fut, ni ne devient actuellement, ni ne sera dans le futur.
(Platon, *Timée*, 37d-38a)

> **P**our rendre compte des mouvements planétaires, les astronomes grecs furent obligés de "tricher" avec l'exigence platonicienne de n'utiliser que des mouvements circulaires uniformes centrés sur la terre : ils introduisirent, par exemple, des cercles excentrés par rapport à la terre.

Au ciel et à ses étoiles fixes, à la rotation uniforme, le démiurge dut ajouter les astres errants.

En vertu de ce raisonnement et de cette intention divine concernant la naissance du temps, le soleil, la lune et les cinq autres astres, ceux qu'on appelle errants, sont nés pour définir les nombres du temps et en assurer la conservation, Ayant façonné le corps de chacun d'eux, le Dieu les a placés, au nombre de sept, dans les sept orbites que décrit la

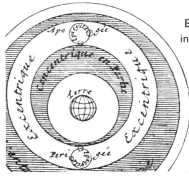

substance de l'Autre. La lune, d'abord, dans la première à l'entour de la terre, puis le soleil dans la seconde au-dessus de la terre ; l'astre du matin et celui qui est consacré à Hermès, de telle sorte qu'ils parcourent leurs cercles avec une vitesse égale à celle du Soleil, mais qu'ils reçoivent une impulsion de direction contraire à la sienne. […]

Or, afin qu'il fût pourvu, dans leurs huit mouvements, à une mesure visible de leur lenteur et de leur vitesse relatives, le Dieu fixa un luminaire à celle des orbites qui est placée la seconde par rapport à la terre, celle que nous appelons maintenant le soleil. Ainsi fut fait, afin que le ciel fût partout lumineux et que les Vivants pour lesquels cela était convenable participassent du Nombre, qu'ils apprirent à connaître à la vue de la révolution du Même et du Semblable. Ainsi et pour ces raisons naquirent la nuit et le jour, qui forment la révolution du cercle unique et de tous le plus raisonnable. Ainsi naquirent le mois, lorsque la lune, ayant parcouru son orbite, rattrape le soleil, l'année, quand le soleil a fait le tour de son cercle. Pour les autres astres errants, les hommes, à l'exception d'un très petit nombre, ne s'étant pas mis en peine de leurs révolutions, n'ont pas donné de noms à ces révolutions.
(*Idem*, 38c-39c)

Aristote

Aristote est né, en 384 av. J.-C., à Stagire, proche de l'actuel mont Athos. Il vient à Athènes vers dix-huit ans et entre à l'Académie de Platon. En 343, Philippe de Macédoine lui confie l'éducation de son fils, le futur Alexandre le Grand. Puis Aristote retourne à Athènes, où il fonde le Lycée, école concurrente de l'Académie. L'œuvre d'Aristote est immense et touche à tous les domaines de la science et de la philosophie. Il traite du monde dans trois textes importants : la *Métaphysique,* la *Physique* et le *Traité du ciel*. Le livre XII de la *Métaphysique*, traite de l'Être, et la métaphysique y est définie, par opposition à la physique, comme la science de la substance immobile qui n'a aucun principe commun avec les autres espèces de substances. La substance immobile est acte pur, forme sans matière, éternelle, indivisible, inétendue ; elle meut toute chose sans être mue.

La science grecque

Dans la *Physique*, Aristote traite du mouvement dont il fera une catégorie du changement. L'expérience sensible nous impose l'évidence de la réalité du changement et du mouvement, et puisqu'en son temps ces problèmes sont liés à ceux de l'Être et du non-Être, il commence par introduire les notions d'Être en acte et d'Être en puissance, distinction par laquelle il introduit du non-Être dans l'Être et supprime le dilemme dans lequel les éléates, prétendant établir l'incompatibilité de l'Être et du changement, enfermaient les physiciens. Puis il dégage les principes – la forme et la matière – dont dépendent l'existence en acte et l'existence en puissance. La forme sera le principe d'organisation et de stabilité. La matière sera le réceptacle indéterminé d'où procèdent les êtres concrets déterminés. Elle sera le sujet premier de chaque être, mais le sujet sans essence. Sur ces bases, Aristote développe une théorie du changement, et donc du mouvement qui est le changement selon le lieu. À la théorie du mouvement se trouve associée une théorie du lieu et donc la structure d'ordre du cosmos. Il en émerge une théorie du mouvement qui est le lien privilégié entre la cosmologie et la physique.

Aux huit sphères porteuses des astres et à la neuvième, réservée au premier mobile aristotélicien, il fallut, au fur et à mesure des progrès des observations, ajouter de nouvelles sphères, pour rendre compte, par exemple, du lent glissement des points équinoxiaux par rapport aux étoiles. Une profusion d'orbes que Copernic dénoncera, montrant que les mouvements de la terre rendent inutiles toutes ces sphères extra-stellaires.

Dans la *Métaphysique*, la spéculation d'Aristote porte d'abord sur la substance.

> Il y a trois espèces de substances. L'une est sensible, et elle se divise en substance éternelle et en substance corruptible. Cette dernière est admise par tout le monde et englobe, par exemple, les plantes et les animaux. […] L'autre substance est immobile. […] Les

deux substances sensibles sont l'objet de la physique, car elles impliquent le mouvement ; mais la substance immobile est l'objet d'une science différente, puisqu'elle n'a aucun principe commun avec les autres espèces de substances. La substance sensible est sujette au changement. Or si le changement a lieu à partir des opposés ou des intermédiaires, [...] il y a nécessairement un substrat qui change du contraire au contraire, puisque ce ne sont pas les contraires eux-mêmes qui se transforment l'un dans l'autre.
(Aristote, *Métaphysique*, XII, 1069a-1069b)

La substance à elle seule ne saurait suffire à fonder l'existence, il faut donc lui adjoindre un principe supplémentaire : la matière.

Il y a donc un troisième terme en plus des contraires, c'est la matière. Si donc les changements sont de quatre sortes : selon la substance, ou la qualité, ou la quantité, ou le lieu (le changement selon la substance étant la génération et la corruption absolues ; le changement selon la quantité, l'accroissement et le décroissement ; le changement selon la qualité, l'altération ; et le changement de lieu, la translation), dans ces conditions, les changements se feront entre des contraires, envisagés sous chacune de ces catégories. Nécessairement, donc, la matière qui change doit être en puissance les deux contraires à la fois. [...] Tout ce qui change a une matière, mais elle est différente en chaque cas ; et ceux des êtres éternels qui, non générables, sont cependant soumis au mouvement de translation, ont une matière, non pas la matière sujet de la génération, mais la matière sujet du mouvement d'un lieu à un autre.
(*Idem*, XII, 1069b)

Si le mouvement existe, il doit y avoir un premier moteur. Quelles sont ses propriétés ?

Puisque ce qui meut c'est, soit une chose mue par une autre, soit une chose immobile, et que ce qui est mû c'est, soit une chose qui est

La science grecque

ΑΡΙΣΤΟΤΕΛ

motrice d'une autre, soit une chose qui ne l'est de rien, dès lors ce qui se meut soi-même doit être composé d'une chose immobile, mais motrice, et, en outre, d'un mû qui n'est pas moteur nécessairement, mais qui peut l'être ou non. […]

Nécessairement ce qui se meut soi-même comprend le moteur, mais qui est immobile, et le mû, mais qui ne meut rien nécessairement, ces deux éléments étant en contact, ou tous les deux mutuellement, ou seulement l'un avec l'autre. […]

On voit donc, d'après ce qui précède, que le moteur premier est immobile : soit en effet que la série des choses mues, mais mues par d'autres, s'arrête tout droit à un premier immobile, soit qu'elle aille jusqu'à un mû qui se meuve et s'arrête lui-même, des deux façons il s'ensuit que, dans toutes les choses mues, le premier moteur est immobile.
(Aristote, *Physique*, VIII, 258a-258b)

Pour Aristote, le monde est sphérique. Parmi les corps ayant une surface donnée, la sphère est celui qui a le plus grand volume. Cette propriété a été utilisée de l'Antiquité à la Renaissance pour justifier la sphéricité du ciel qui doit contenir toutes choses. Zénodore est le premier (probablement au début du IIe siècle av. J.-C.) à avoir correctement formulé cette propriété, qui a été admise depuis par tous les astronomes mais n'a été démontrée rigoureusement qu'en 1884 par le mathématicien allemand H. A. Schwarz.

Le premier moteur est unique et de son unicité va découler l'unicité du ciel.

Et qu'il n'y ait qu'un seul ciel, c'est une chose manifeste. S'il existait, en effet, plusieurs ciels comme il existe plusieurs hommes, le principe moteur de chaque ciel serait formellement un et numériquement multiple. Mais tout ce qui est numériquement multiple renferme de la matière, car une seule et même définition, par exemple celle de l'homme, s'applique à des êtres multiples, tandis que Socrate est un. Mais la première quiddité, elle, n'a pas de matière, car elle est entéléchie. Donc le premier moteur immobile est un, à la fois formellement et numériquement, et, par conséquent aussi, ce qui est

Aristote

en mouvement éternellement et d'une manière continue est seulement un. Donc il n'y a qu'un seul ciel.
(Aristote, *Métaphysique*, XII, 1074a)

Non seulement il n'y a qu'un seul ciel, mais même, il est impossible qu'il n'y en ait jamais plus d'un. En outre ce ciel est éternel, ce qui entraîne son incorruptibilité et son ingénérabilité.

Si un être qui existe pendant un temps infini est périssable, il possède la puissance de n'être pas. Comme il s'agit d'un temps infini, posons que se réalise sa puissance ; il sera, et ne sera pas, en acte simultanément. On aboutit donc à une conséquence fausse, parce que la proposition de base était fausse. […] Tout être qui existe toujours est donc incorruptible au sens propre. Pareillement, il est inengendré. S'il était générable, il pourrait, pendant un certain temps, ne pas être. […] Mais il n'est en aucun moment possible que ce qui existe toujours connaisse la non-existence, que ce soit pendant un temps infini ou pendant un temps limité.
(Aristote, *Traité du Ciel*, I, 12)

Aristote affirme la sphéricité de l'univers.

Le ciel a nécessairement une forme sphérique, car cette figure est la mieux adaptée à sa substance et elle est première par nature. […] La sphère est le premier des solides : elle seule est enveloppée par une surface unique, tandis que les polyèdres le sont par plusieurs. […] Puisque la première figure appartient au premier corps et que le premier corps est celui qui se trouve dans le dernier orbe, le corps doué de translation circulaire est sphérique. Par conséquent, celui qui lui est contigu l'est aussi, car ce qui est contigu au sphérique est sphérique. Il en va de même des corps que l'on rencontre en allant vers le centre des précédents, car les corps qui sont enveloppés par le sphérique et se trouvent en contact avec lui doivent être sphériques dans leur totalité. Or les corps situés sous la sphère des planètes sont en contact avec la sphère qui est au-dessus d'eux. Par conséquent, cette région centrale est tout entière sphérique, car tous les corps qu'elle contient sont en contact et continus avec les

sphères. En outre, la rotation de l'univers est un fait observable, et nous l'avons admise. D'autre part, il a été prouvé qu'en dehors du dernier orbe, il n'y a ni vide, ni lieu. Pour ces motifs, c'est une nécessité que le ciel soit sphérique.
(Aristote, *Traité du Ciel*, II, 4)

Ayant traité du tout, il reste à parler de la nature des astres eux-mêmes, de leur figure et de leurs mouvements. Quant à leur nature, ils ne peuvent être constitués que du cinquième élément : la quintessence ou l'éther, et non de feu, comme certains le professent. L'observation la plus élémentaire de leurs mouvements nous montre que les astres parcourent quotidiennement des cercles centrés sur l'étoile Polaire et que leurs positions respectives ne varient pas d'un jour à l'autre. Les astres semblent liés à une sphère porteuse qui constitue le ciel tout entier. Les questions à se poser sont alors : qu'est-ce qui se meut, qu'est-ce qui est mû, qu'est-ce qui est immobile ?

Nous allons à notre tour traiter, pour commencer, la question de savoir si la terre est en mouvement ou si elle est fixe. Comme nous l'avons signalé, certains font d'elle un des astres. D'autres la situent au centre et prétendent qu'elle oscille et se meut autour de l'axe médian. L'impossibilité à laquelle se heurtent ces théories apparaît clairement si l'on part du principe suivant : si la terre se meut, soit qu'elle ait une position excentrique, soit qu'elle se trouve au centre, il faut nécessairement qu'elle subisse ce mouvement sous l'effet d'une contrainte, car ce mouvement n'est pas celui de la terre elle-même ; s'il l'était, en effet, chaque particule de terre serait, elle aussi, animée de ce mouvement local. Or en réalité, toutes se portent en droite ligne vers le centre. Voilà pourquoi le mouvement qu'on a dit ne peut être éternel, puisque aussi bien il est forcé et contraire à la nature. Mais l'ordre du monde est éternel. [...]
En outre, le mouvement naturel de la terre – celui des parties et celui de l'ensemble – tend vers le centre de l'univers ; d'où l'actuelle position centrale de la terre. Puisque les deux centres se confondent, on pourrait soulever une difficulté : vers quel centre les corps pesants et les parties de terre se portent-ils selon la nature ? Gagnent-ils le centre parce qu'il est le centre de l'univers, ou parce qu'il est le

Aristote

centre de la terre ? – Ils vont nécessairement vers le centre de l'univers, car les légers et le feu, dont la direction est opposée à celle des lourds, gagnent l'extrémité du lieu qui enveloppe le centre. Mais il se trouve que le même endroit est à la fois centre de la terre et centre de l'univers. Les corps en question se dirigent aussi vers le centre de la terre, mais par accident, du fait que la terre a son milieu au centre de l'univers. Qu'ils se dirigent aussi vers le centre de la terre, en voici un indice : les lourds en mouvement vers la terre ne vont point parallèlement, mais forment des angles égaux ; ils vont donc vers un point unique, le centre, qui est aussi celui de la terre. On voit donc que c'est une nécessité manifeste pour la terre d'être au centre et d'y rester immobile. (*Idem*, II, 14)

> L'univers d'Aristote est partagé en deux domaines que sépare l'orbe de la lune. Le monde sublunaire est le monde du changement ; la terre en occupe le centre, puis viennent l'eau, l'air et le feu. Le monde extralunaire reste éternellement identique à lui-même, il est composé d'éther dont le mouvement naturel est le mouvement circulaire.

Enfin de l'immobilité de la terre et de la sphéricité du ciel découle la finitude de l'univers ; en effet, tous les physiciens, de l'Antiquité à aujourd'hui, ont refusé l'existence de vitesses infinies.

Le corps soumis à la révolution circulaire est limité dans son étendue totale ; cela résulte des preuves que voici. Supposons infini ce corps mû circulairement : les rayons partant du centre seront infinis ; entre ces rayons, il y aura un intervalle infini. […] Dès lors, puisque d'une part l'infini ne peut être parcouru et que d'autre part l'existence d'un corps infini entraînerait celle d'un intervalle infini, le mouvement circulaire d'un corps infini est impossible. (*Idem*, I, 5)

La science grecque

'ÉCOLE STOÏCIENNE. De Zénon de Cittium, né en 332 av. J.-C., qui la fonda, à Marc-Aurèle, mort en 180, l'école stoïcienne perdurera durant plus de cinq siècles. Zénon fonde à Athènes sa propre école, le Portique (vers 300), mais auparavant il fréquente le philosophe cynique Cratès de Thèbes. Il rompt très vite avec les cyniques qui, opposant nature et civilisation, méprisent les sciences de la nature, alors que Zénon voit dans la culture le développement même de la nature. Pour Zénon, le sage est celui qui vit en harmonie avec la nature qu'une émanation divine pénètre et qu'un souffle igné anime. La philosophie stoïcienne va ainsi aboutir à une cosmologie vitaliste et instaurer des liens étroits entre la physique et l'éthique. Zénon a polémiqué avec les péripatéticiens : certes, il ne conteste pas que la substance du monde soit éternelle, mais il constate que l'érosion affecte la surface de la terre, que même les roches les plus dures s'usent, que la mer recule, que le monde change. Zénon y décèle la preuve de l'existence de grands cycles cosmiques qui voient le monde se faire et se défaire, et dont le feu héraclitéen est le principe actif donnant naissance par condensation à l'air qui lui-même donne naissance à l'eau, germe de toutes les choses. Puis, ayant repris le dessus, le feu assimile tous les autres éléments jusqu'à un embrasement final qui marque le terme d'une Grande Année.

Diogène Laërce

On divise traditionnellement l'histoire du stoïcisme en trois périodes : le *stoïcisme ancien*, celui de Zénon, de Cléanthe et de Chrysippe qui lui succédèrent à la tête du Portique, respectivement en 262 et 232 ; le *stoïcisme moyen*, celui du IIe et du Ier siècle avant notre ère, qu'illustrent Panétius de Rhodes et Posidonius d'Apamée ; enfin le *stoïcisme récent*, de l'époque impériale, dont les grands représentants sont Sénèque, Épictète et Marc-Aurèle. Les seuls auteurs stoïciens dont les œuvres nous soient parvenues sont ceux du stoïcisme récent, mais leurs préoccupations sont essentiellement morales et, pour accéder à la physique du stoïcisme ancien, il nous

L'école stoïcienne - Diogène Laërce

faut consulter l'ouvrage d'un auteur dont nous ne savons à peu près rien, Diogène Laërce (on pense qu'il s'appelait Diogène et qu'il était originaire de Laërte, en Cilicie). Du fait qu'il développe l'histoire du scepticisme jusqu'au premier successeur de Sextus Empiricus et qu'il ignore le néo-platonisme, on conclut qu'il a rédigé son ouvrage au IIIe siècle de notre ère.

Diogène Laërce parle de la science stoïcienne en général.

> Ils [les stoïciens] divisent la physique en plusieurs thèmes qui concernent les corps, les principes, les éléments, les dieux, les limites, le lieu et le vide ; c'est du moins la division en espèces, et voici la division en genres : le thème concernant le monde, puis la question des éléments, et en troisième lieu l'étude des causes. La théorie du monde se divise en deux parties : à la première recherche collaborent les mathématiciens ; c'est celle qui concernent les étoiles fixes et les étoiles errantes (par exemple, le soleil a-t-il les dimensions qu'il paraît avoir ? De même pour la lune ? Puis la question du tourbillon, et d'autres de même sorte) ; la seconde recherche appartient aux seuls physiciens ; on se demande qu'elle est la substance du monde, s'il est engendré ou non, s'il a une âme ou s'il est sans âme, s'il est corruptible ou incorruptible, s'il est gouverné par la providence, etc. La théorie des causes a aussi deux parties : la première lui est commune avec les recherches des médecins ; c'est celle qui pose les questions de la partie hégémonique de l'âme, ce qui se passe dans l'âme, celle des semences et questions semblables ; à la seconde s'attachent aussi les mathématiciens (par exemple, comment voyons-nous ? quelle est la cause de l'image ? comment se forment les nuages, le tonnerre, l'arc-en-ciel, les halos, les comètes et choses pareilles ?).
> (Diogène Laërce, *Vies et opinions des philosophes*, 132-133)

Pour les stoïciens, deux principes régissent l'évolution de l'univers :

> D'après eux, il y a deux principes de l'univers : l'agent et la patient. Le patient, c'est la substance sans qualité, la matière ; l'agent, c'est la

La science grecque

raison qui est en elle, Dieu ; car Dieu, qui est éternel, crée chaque chose à travers toute la matière. [...] Ils distinguent principes et éléments : les principes sont inengendrés et impérissables ; les éléments périssent dans la conflagration ; les principes sont incorporels et sans forme ; les éléments ont une forme. Le corps est, comme dit Apollodore dans la *Physique*, ce qui est étendu à trois dimensions, en longueur, en largeur et en profondeur ; on l'appelle aussi corps solide. La surface est la limite du corps, ou ce qui n'a que longueur et largeur, sans profondeur ; Posidonius, au troisième livre des *Météores*, le concède en tant qu'objet de pensée et en tant qu'existence réelle. La ligne est la limite de la surface ou la longueur sans largeur ou ce qui a seulement la longueur. Le point est la limite de la ligne ; c'est le plus petit des signes.
(Diogène Laërce, *Vies et opinions des philosophes*, 134-135)

Les astres se divisent en deux types.

Parmi les astres, les fixes sont animés d'un mouvement circulaire avec l'ensemble du ciel, les errants se meuvent d'un mouvement propre. Le soleil a un trajet oblique à travers le cercle zodiacal ; la lune, elle aussi, a un trajet en forme d'hélice. Le soleil est un feu pur, comme dit Posidonius au septième livre des *Météores* ; il est plus grand que la terre, dit le même auteur au livre sixième du *Discours physique* ; il est sphérique, comme le dit encore Posidonius, par analogie avec le monde. C'est un feu puisqu'il a mêmes effets que le feu ; il est plus grand que la terre parce qu'elle est éclairée tout entière par lui, ainsi que le ciel ; la forme conique de l'ombre que projette la terre montre aussi qu'il est plus grand ; et il est vu de partout à cause de sa grandeur. La lune est plus terrestre parce qu'elle est plus voisine de la terre. Ces êtres ignés, ainsi que les autres astres, se nourrissent ; le soleil, qui est une lumière intelligente, se nourrit de ce qui vient de la grande mer ; la lune, mélangée d'air et proche de la terre, se nourrit de ce qui vient des eaux douces [...] ; les autres astres, de ce qui vient de la terre. Ils pensent que les astres sont sphériques ainsi que la terre qui est immobile. La lune n'a pas de lumière, elle reçoit sa clarté du soleil.
(*Idem*, 144-145)

L'école stoïcienne - Plutarque et Cicéron

Plutarque et Cicéron

Paradoxalement, pour en savoir plus sur les stoïciens que ce que nous en dit l'historien "neutre" Diogène Laërce, il nous faut consulter des traités écrits contre les stoïciens, tels *Des contradictions des stoïciens* et *Des notions communes contre les stoïciens*, rédigés par Plutarque, historien grec né en 50 à Chéronée, en Béotie, ou *Les Premiers Académiques* et *De la nature des dieux* de Cicéron. Le premier traité de Plutarque se donne pour objectif de traquer à l'intérieur même de leur système les contradictions de la philosophie des stoïciens, et il ne peut pas ne pas en trouver. Le deuxième traité cherche à montrer que la philosophie stoïcienne entre en contradiction avec le sens commun, ce qui est vrai, mais toute pensée philosophique ou scientifique qui prétend élever son discours jusqu'à la totalité du monde ne peut pas ne pas entrer en contradiction avec le sens commun. Le projet de Cicéron est tout autre, et comme il le dira lui-même, *Les Académiques* veulent exposer "la manière de philosopher la moins présomptueuse, la plus conséquente et la plus élégante" : le dogmatisme sûr de lui et le style rugueux, emphatique, des stoïciens ne pouvaient que tomber sous la critique de Cicéron. Quoi qu'il en soit, chemin faisant, Plutarque et Cicéron nous livrent la pensée stoïcienne sur le monde et son devenir.

À propos du monde selon Chrysippe, Plutarque rapporte ce qui suit :

Il dit souvent que "en dehors du monde il y a un vide infini et que l'infini n'a ni commencement ni milieu ni fin" ; et leur plus grande raison de nier le mouvement vers le bas que l'atome aurait de lui-même, selon Épicure, c'est qu'il n'y a pas dans l'infini de différence qui y rende concevable la notion du haut et du bas. Mais au quatrième livre *Des possibles*, il suppose un lieu et un espace central, et il dit que le monde y est situé. Voici le texte :

"C'est pourquoi aussi, il faut, je pense, de la réflexion pour savoir s'il faut dire du monde qu'il est corruptible. Néanmoins, il me paraît plutôt en être ainsi ; ce qui concourt grandement à lui donner une sorte d'incorruptibilité, c'est la place qu'il occupe, puisqu'il est au

La science grecque

centre ; car, si on lui donnait par la pensée une autre place, une corruption complète l'atteindrait."

Et, peu après : "Ainsi la substance se trouve occuper éternellement le centre ; elle est immédiatement telle que, outre les autres raisons, sa rencontre en cette place n'admet pas la corruption ; et sous ce rapport le monde est éternel."
(Plutarque, *Des contradictions des stoïciens*, XLIV)

Plutarque critique cette théorie dans les termes suivants :

> Ce passage présente une contradiction évidente et bien visible en admettant un lieu central dans l'infini, mais il en est une seconde plus cachée, car en croyant que le monde ne serait pas corruptible s'il se trouvait avoir son siège en une autre partie du vide, il est clair qu'il a craint de voir le monde se dissoudre et se détruire par le mouvement vers le centre dont ses parties seraient animées.
>
> Il n'aurait pas cette crainte s'il ne pensait que les corps se meuvent naturellement à partir d'un lieu quelconque vers le centre non pas de la substance mais de l'espace qui contient la substance ; c'est une chose qu'il a déclaré être impossible et contre nature, car il n'y a pas dans le vide de différence qui attire les corps ici plutôt que là : c'est l'ordre du monde qui est cause de la tendance du mouvement de toutes les parties vers le centre, c'est-à-dire vers son milieu propre. Ainsi une partie quelconque du monde, plongée dans le vide, ne perd pas l'inclinaison qui la fait tendre vers le centre du monde ; mais le monde lui-même, si le hasard ne l'établit au centre de l'espace, perdra la tension qui le soutient, parce que les parties de sa substance se mouvront alors en tous sens.
> (*Idem*, XLIV)

Cicéron insiste sur les désaccords entre stoïciens.

> Zénon et les autres stoïciens croient que l'éther est le dieu suprême ; ils le dotent d'une intelligence par laquelle l'univers est gouverné. Cléanthe, stoïcien de grande race, disciple de Zénon, pense que le soleil domine et qu'il a la toute-puissance. Nous voilà donc forcé, à cause du désaccord des sages, d'ignorer notre maître, puisque nous ignorons si

nous avons à obéir au soleil ou à l'éther.
(Cicéron, *Les Premiers Académiques*, II, XLI)

Cicéron évoque ainsi la nutrition du ciel, et la conflagration qui met fin au monde.

> Dans l'éther roulent les astres qui gardent, par leur propre force, la forme d'un globe et, grâce à cette forme, maintiennent leurs mouvements ; ils sont sphériques et, [...] ces formes permettent d'échapper à tout dommage.
> Par nature les étoiles sont faites de flammes ; c'est pourquoi elles se nourrissent des exhalaisons de la terre, de la mer et des cours d'eau, qui s'élèvent des champs et des eaux réchauffés par le soleil ; nourris et renouvelés par ces exhalaisons les étoiles et l'éther les renvoient pour les attirer à nouveau, si bien que rien ne périt, sinon le peu de chose que consument le feu des astres et la flamme de l'éther : d'où, d'après nos amis, cette issue, dont, disent-ils, doutait Panétius : à la fin, le monde entier s'enflammera quand, après épuisement des vapeurs, il ne pourra plus être nourri par la terre et que l'air ne pourra se reconstituer ; car, une fois toute l'eau épuisée, il ne peut plus naître ; ainsi rien ne restera que le feu ; mais par ce feu vivifiant et par Dieu s'opérera le renouvellement du monde et renaîtra la même beauté.
> (Cicéron, *De la nature des dieux*, II, XLVI, 118)

On reproche souvent à Cicéron d'avoir mal compris les doctrines qu'il commente dans ses ouvrages. Pour ce qui touche au stoïcisme, Cicéron sait pourtant de quoi il parle : il avait été l'élève du stoïcien Diodote qui vécut et mourut chez lui.

La science grecque

L'ÉCOLE ÉPICURIENNE. Épicure est né en 341 avant notre ère, dans l'île de Samos. Dès l'âge de quatorze ans, il suivit, à Théos, l'enseignement d'un disciple de Démocrite, Nausiphane. En 306, il vint à Athènes pour y fonder son école, le Jardin. Il y demeura jusqu'à sa mort, survenue en 270. Si l'œuvre d'Épicure est gigantesque — on parle de trois cents volumes —, presque rien ne nous en est parvenu : trois lettres, respectivement adressées à Hérodote, Pythoclès et Ménécée, que Diogène Laërce a transcrites et qui nous parlent d'éthique, de physique, d'astronomie et de cosmologie. Pour le reste, de courts fragments cités pour mieux les critiquer et des extraits de lettres rassemblés par Sénèque. Enfin, les papyrus retrouvés en 1752, dans les ruines d'une villa d'Herculanum, nous ont livré des fragments de neuf des trente-sept livres que comptait le grand traité d'Épicure, *De la nature*. Ce peu de chose sauvé et l'ouvrage de Lucrèce, au titre identique à celui de son modèle, nous permettent de reconstituer la pensée physique et cosmologique d'Épicure. La foi de ce dernier en la possibilité de connaître le monde repose sur les sensations : la sensation est le moyen premier et principal de notre appréhension du réel et c'est à elle qu'il faut faire confiance plutôt qu'à la raison qui dépend des sensations et ne s'exerce que sur leurs données.

Lucrèce

Lucrèce, né aux environs de l'an 95 avant notre ère, décédé à l'âge de quarante-quatre ans, est l'auteur du grand poème *De natura rerum*, l'exposé le plus complet et le plus cohérent que nous ayons de la doctrine épicurienne. Le propre traité d'Épicure étant presque totalement perdu, tout le monde s'accorde à penser que Lucrèce suit son modèle d'assez près ; il est toutefois probable qu'il fait parfois preuve d'originalité, sans qu'on puisse dire sur quels points, sans doute plus sur des questions d'éthique que sur des questions de physique. Les deux premiers livres de ce texte, qui en compte six, sont consacrés aux principes fondamentaux et aux vues générales sur l'univers. Les deux livres qui suivent traitent de l'âme et de ses relations avec le corps. Puis, dans les deux derniers livres, Lucrèce

L'école épicurienne – Lucrèce

revient à la physique, en particulier à une explication des phénomènes célestes et terrestres.

Dans le monde rien ne naît de rien et rien ne retourne au néant, les éléments des corps peuvent exister tout en étant invisibles.

> En premier lieu la force déchaînée du vent fouette l'océan, fait naufrager les plus grands vaisseaux, déchire et emporte les nuées, d'autres fois, parcourant les plaines en tourbillons ravageurs, elle les jonche de grands arbres, ou bien elle s'en prend au sommet des montagnes qu'elle balaie de ses souffles, fléau des forêts : tant est redoutable sa fureur, quand elle s'accompagne de sifflements aigus et de grondements pleins de menaces. Les vents sont donc évidemment des corps invisibles, qui balaient et la mer et les terres, et les nuages, qu'ils chassent et emportent soudain en tourbillons. […]
> De même nous sentons les diverses odeurs que répandent les corps, et jamais pourtant nous ne les voyons venir à nos narines.
> (Lucrèce, *De la nature*, I, 271-300)

C'est donc au moyen de corps invisibles que la nature fait sa besogne. Mais que le monde soit empli d'éléments invisibles n'implique pas que le vide n'existe pas.

> Pourtant tout n'est pas partout occupé et rempli par la matière ; car le vide existe dans les choses. […]
> Sans lui, les objets ne pourraient aucunement se mouvoir ; car l'office propre de la matière, qui est de faire obstacle et d'offrir de la résistance, se rencontrerait partout et toujours ; rien ne pourrait donc se mettre en marche, puisque aucun objet ne prendrait l'initiative du déplacement.
> (*Idem*, I, 330-339)

À cet argument négatif s'ajoutent des preuves positives.

> En outre, si pleins que semblent être les corps, on peut voir néanmoins par ce qui suit que leur substance présente des vides.

La science grecque

À travers les rochers et les grottes s'infiltre la fluidité des eaux
et les pierres y pleurent partout des larmes abondantes. […] Le son
franchit les murs et vole à travers les cloisons de nos demeures,
la rigueur du froid pénètre jusqu'à nos os.
(Lucrèce, *De la nature*, I, 347-356)

La nature se compose donc essentiellement de deux choses, les corps, visibles ou invisibles, et le vide dans lequel les corps prennent place et se déplacent. Quelles sont les propriétés des éléments premiers, et comment s'agencent-ils ?

Dans les corps, on distingue les éléments premiers des choses, et les objets formés par la réunion de ces principes. Pour les éléments premiers, aucune force n'est capable de les détruire, car leur solidité triomphe finalement de toute atteinte. Et pourtant il semble difficile d'admettre qu'on puisse trouver un corps d'une matière absolument pleine. […]
Tout d'abord, puisque nous avons découvert la double nature et la différence essentielle des deux éléments : matière et vide, il s'ensuit nécessairement que chacun d'eux existe par lui-même et pur de tout mélange. […] En outre, puisque le vide existe dans les choses créées, il faut nécessairement qu'il y ait à l'entour de la matière solide. […]
D'autre part, s'il n'existait point d'espace libre, de vide, l'univers ne serait qu'une masse solide ; en revanche s'il n'y avait certains corps pour remplir les lieux qu'ils occupent, tout ne serait que du vide et de l'espace. Il est donc évident que la matière et le vide s'entremêlent et se distribuent alternativement. […] Malgré la solidité absolue des éléments premiers de la matière, il est néanmoins possible d'expliquer la formation et les modes d'existence des corps de substance molle, l'air, l'eau, la terre, les vapeurs, une fois admis que le vide se trouve mêlé dans tous les corps. Imaginons au contraire que les éléments des corps soient mous : l'origine des roches dures, du fer, restera sans explication.
(*Idem*, I, 503-572)

Cet agencement du monde est-il fini ou s'étend-il à l'infini ?

L'univers existant n'est donc limité dans aucune de ses dimensions ;

L'école épicurienne - Lucrèce

sinon il devrait avoir une extrémité. Or il est évident que rien ne peut avoir d'extrémité, s'il ne se trouve plus loin quelque chose qui le délimite, pour que nous apparaisse le point au-delà duquel notre regard cesse de la suivre. Et comme en dehors de l'ensemble des choses il faut bien avouer qu'il n'y a rien, cet univers n'a pas d'extrémité, il n'a donc ni limite ni mesure. Et il n'importe en quelle région de l'univers on se place, puisque toujours, quelque lieu que l'on occupe, on laisse le tout immense s'étendre également dans tous les sens. (*Idem*)

Ni Dieu ni causes finales dans le monde des atomistes.

Car certes ce n'est pas en vertu d'un plan arrêté, d'un esprit clairvoyant que les atomes sont venus se ranger chacun à leur place ; assurément ils n'ont pas combiné entre eux leurs mouvements respectifs ; mais après avoir subi mille changements de mille sortes à travers le tout immense, heurtés, déplacés de toute éternité par des chocs sans fin, à force d'essayer des mouvements et des combinaisons de tout genre, ils en arrivent enfin à des arrangements tels que ceux qui ont été créés et constituent notre univers ; et c'est en vertu de cet ordre, maintenu à son tour durant de longues et nombreuses années une fois qu'il eut abouti aux mouvements convenables.
(*Idem*, 1021-1031)

LUCRECE, DE LA NATURE DES CHOSES ; AVEC DES REMARQUES sur les endroits les plus difficiles de Lucrece.

TRADVCTION NOVVELLE.

TOME I.

A PARIS,
Chez THOMAS GUILLAIN, sur le Quay des Augustins, à la descente du Pont-neuf, à l'Image S. Loüis.

M. DC. LXXXV.
AVEC PRIVILEGE DU ROY.

C'est le *De natura* qui nous apporte le plus de renseignements sur les atomistes grecs. Toutefois, Lucrèce ne se contente pas de transmettre, sous la forme d'un poème, l'atomisme ancien, il apporte ses propres contributions : ainsi, s'il justifie le vide par l'existence du mouvement, il ne semble pas en faire, comme le faisaient les premiers atomistes, la cause même du mouvement.

La science grecque

Ce monde, fruit du hasard, ne peut pas ne pas avoir d'autres répliques dans l'infini de l'univers.

Dès lors, on ne saurait soutenir pour nullement vraisemblable, quand de toutes parts s'ouvre l'espace libre et sans limites, quand des semences innombrables en nombre, infinies au total, voltigent de mille manières, animées d'un mouvement éternel, que seuls notre terre et notre ciel aient été créés, et qu'au-delà restent inactifs tous ces innombrables corps premiers. Et ce d'autant plus que ce monde est l'œuvre de la nature. […] Aussi je le répète encore, il te faut avouer qu'il existe ailleurs d'autres groupements de matière analogues à ce qu'est notre monde que dans une étreinte jalouse l'éther tient enlacé. Du reste, quand la matière est prête en abondance, quand le lieu est à portée, que nulle chose, nulle raison ne s'y oppose, il est évident que les choses doivent prendre forme et arriver à leur terme. Et si maintenant les éléments sont en telle quantité que toute la vie des êtres vivants ne suffirait pas pour les dénombrer ; si la même force, la même nature subsistent pour pouvoir rassembler en tous lieux ces éléments dans le même ordre qu'ils ont été rassemblés sur notre monde, il te faut avouer qu'il y a dans d'autres régions de l'espace d'autres terres que la nôtre, et des races d'hommes différentes, et d'autres espèces sauvages. (Lucrèce, *De la nature*, 1052-1076)

> DIOGENIS LAERTII DE VITIS PHILO
> RVM LIBER SEPTIMVS.
>
> ZENO CITTICVS.
>
> Eno Mnasiei siue Demei filius cypro græca ciuitate phœnicib ter accolis : collo fuit in altera p tiore : ut refert Timotheus ath libro de uitis. Apollonius autē cili corpore statu procero & at

Dès l'Antiquité, toutes les possibilités sur la finitude ou l'infinitude du monde auront été adoptées, selon que l'on identifie ou non espace géométrique et espace physique. Pour Zénon de Cittium, l'espace physique est fini et il est plongé dans un espace géométrique infini. Pour Aristote, espaces physique et géométrique, l'un et l'autre finis, coïncident. Enfin, pour les atomistes, espaces physique et géométrique coïncident également, mais ils sont infinis.

Ptolémée

Si, dès le XIe siècle avant notre ère, le déclin politique de l'Égypte s'amorce, il est toutefois vrai qu'avec les Lagides – de Ptolémée Ier

Ptolémée

(323-283) jusqu'à Ptolémée V (205-181) –, l'Égypte devient le pays le plus riche de l'Orient et, pour plusieurs siècles, le pôle le plus brillant de l'hellénisme : Alexandrie rayonne d'une vie intellectuelle intense, son Musée de marbre abrite savants et professeurs, sa Bibliothèque compte plus de 700 000 manuscrits. C'est dans ce milieu hautement favorable que Claude Ptolémée, dernier astronome important de la science grecque, nullement apparenté aux fils royaux de Lagos, fleurira au IIe siècle de notre ère. Nous ne savons presque rien de sa vie, ni sa date de naissance ni celle de sa mort, mais on peut, à partir de ses observations astronomiques, situer la période de son activité entre 127 et 150 : sa *Grande Syntaxe mathématique*, qui nous est parvenue par les Arabes sous le nom d'*Almageste*, véritable somme de l'astronomie antique, date de l'an 140. Le triomphe de Ptolémée réside dans sa théorie des planètes ; parfois légèrement retouchée, elle sera à la base de toutes les tables du Moyen Âge, que ce soit les tables alphonsines, celles de Toulouse ou celles de Tolède. Jusqu'à la fin du XVIe siècle, ses modèles des mouvements planétaires seront unanimement acceptés.

Le premier des treize livres que comporte l'*Almageste* est consacré à la cosmologie générale, c'est-à-dire à la relation générale de la terre par rapport au ciel.

> **Les prolégomènes généraux sont les suivants : que le ciel est en forme de sphère et qu'il se meut à la manière d'une sphère ; que la terre aussi, prise comme un tout, a sensiblement la forme d'une sphère ; que pour la position, elle repose au milieu du ciel tout entier, à la façon d'un centre ; que pour la grandeur et la distance, elle est comme un point par rapport à la sphère des fixes, tout en n'ayant elle-même aucun mouvement local.**
> **(Ptolémée, *Almageste*, I, XX)**

La cosmologie de Ptolémée est donc aristotélicienne, mais il apporte à sa justification des arguments supplémentaires, fondés sur l'observation astronomique, en particulier sur la sphéricité du ciel.

> **Mais ce qui les a le plus amenés au concept de sphère céleste, c'est qu'ils observaient que la révolution des étoiles toujours visibles**

La science grecque

avait la forme d'un cercle et qu'elle s'accomplissait autour d'un seul et unique centre, le même pour toutes les étoiles. Ce point unique, en effet, était nécessairement pour eux le pôle de la sphère céleste, les étoiles les plus voisines de ce point se déplaçant sur des cercles plus petits, tandis que les plus éloignées traçaient dans leur révolution des cercles plus grands à proportion de leur éloignement, jusqu'à ce que cet éloignement parvienne à celui des étoiles qui deviennent invisibles [...]. Si bien qu'au commencement c'est en vertu de ces seules observations qu'ils ont tiré la susdite idée ; mais dans la suite de leur recherche, ils ont compris que tout le reste découlait logiquement de cette manière de voir, parce que absolument tous les phénomènes témoignent contre les façons de voir différentes. [...] Amène encore à ce concept de sphère céleste [...] le fait que parmi les différentes figures présentant un périmètre égal, la plus grande est toujours celle qui a le plus de côtés ; or parmi les figures planes la plus grande est le cercle, et parmi les volumes, c'est la sphère ; or le ciel, lui aussi, est plus grand que tous les autres corps.
(Ptolémée, *Almageste*, I)

De même les observations nous obligent à admettre que la terre est sphérique et, quant au fait qu'elle est au centre du ciel, Ptolémée le démontre par l'absurde : si la position de la terre était autre, il en découlerait des phénomènes que nous n'observons pas. Si, par exemple, la terre, tout en étant sur l'axe des pôles, était plus rapprochée d'un pôle que de l'autre, alors en n'importe quel lieu...

Le plan de l'horizon couperait le ciel en deux parties
– la partie au-dessus de la terre et la partie au-dessous de la terre –
inégales à chaque fois d'une façon différente, tant par rapport à elles-mêmes que par rapport l'une à l'autre. C'est seulement à l'équateur que l'horizon pourrait couper le ciel en deux parties égales, tandis qu'ailleurs, où le plus voisin des deux pôles est toujours visible, l'horizon diminuerait toujours l'hémisphère sous terre et agrandirait toujours l'hémisphère au-dessus de la terre, si bien que le cercle passant par le milieu des signes du zodiaque serait coupé en parties inégales par le plan de l'horizon, ce qui, on le constate, n'est absolument pas le cas, puisqu'il y a toujours six signes du zodiaque

Ptolémée

visibles pour tout le monde au-dessus de la terre, et que les six signes restants sont invisibles ; puis ensuite ces derniers sont visibles en entier au-dessus de la terre, tandis que les six [premiers] sont ensemble invisibles. Il est donc évident que l'horizon coupe en deux parties égales le zodiaque, puisque les mêmes demi-cercles se trouvent tout entiers tantôt sous la terre, tantôt au-dessus de la terre. (*Idem*, I)

Qu'en outre la terre soit sensiblement comme un point par rapport à sa distance à la sphère des étoiles, Ptolémée en donne la preuve suivante.

Depuis toutes les parties de la terre, les grandeurs et les espaces entre ces astres, au même instant, paraissent dans tous les cas égaux et identiques ; ainsi les observations des mêmes [phénomènes célestes] faites à partir de lieux de latitude différente ne montrent pas la plus petite différence. On doit aussi accepter que les gnomons installés en toutes les parties de la terre aussi bien que le centre des sphères armillaires se comportent de la même façon que le centre vrai de la terre, et que ces instruments

L'*Almageste* expose le système géocentrique du monde et renferme une liste de 1022 étoiles, des calculs sur la distance du soleil et de la lune et sur les éclipses, ainsi que la description des instruments astronomiques alors employés. On doit également à Ptolémée un résumé des données numériques de l'*Almageste*, les *Hypothèses des planètes*, ainsi qu'un livre sur le lever des étoiles, le *Phaseis*, et des tables de mouvements planétaires.

La science grecque

nous donnent des lignes de visée ou bien des mouvements des ombres tellement en accord avec les hypothèses posées pour expliquer les phénomènes que l'on pourrait croire que ces visées et ces ombres passent exactement par le point central de la terre. (Ptolémée, *Almageste*, I)

Enfin, pour démontrer que la terre est rigoureusement immobile au centre du monde, Ptolémée reprendra les mêmes arguments que ceux qu'il a utilisés pour montrer qu'elle est comme un point au regard des dimensions du ciel. Ainsi, on trouve dans l'*Almageste* une fidélité aux postulats de la physique aristotélicienne, mais on y trouve aussi un aveu de la fragilité et de l'incertitude, et à la limite de l'inadéquation, de tout modèle humain prétendant simuler les choses célestes. Une inadéquation qui légitime le recours à l'équant, même s'il viole le principe de la simplicité divine des mouvements célestes.

Qu'on n'objecte pas à ces hypothèses qu'elles sont trop difficiles à saisir, à cause de la complication des moyens que nous employons. Car quelle comparaison pourrait-on faire des choses célestes aux terrestres, et

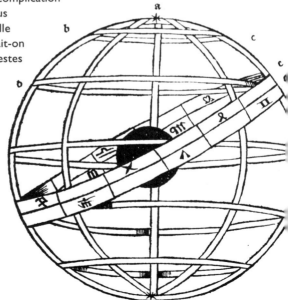

Les sphères armillaires (du latin *armilla*, "anneau") sont des matérialisations à trois dimensions des grands cercles du ciel. L'écliptique, qui porte les signes du zodiaque, est la trace de la trajectoire apparente du soleil autour de la terre. Le nom "écliptique" tient au fait que les éclipses ne sont possibles que lorsque la lune en est très voisine.

Ptolémée

par quels exemples pourrait-on représenter des choses si différentes ?

Et quel rapport peut-il y avoir entre la constance invariable et éternelle, et les changements continuels ? ou quoi de plus différent des choses qui ne peuvent aucunement être altérées ni par elles-mêmes, ni par rien d'extérieur à elles, que celles qui sont sujettes à des variations qui proviennent de toutes sortes de causes ? Il faut, autant qu'on le peut, adapter les hypothèses les plus simples aux mouvements célestes ; mais si elles ne suffisent pas, il faut en choisir d'autres qui les expliquent mieux. Car si après avoir établi des suppositions, on en déduit aisément tous les phénomènes comme autant de conséquences, quelle raison aura-t-on de s'étonner d'une si grande complication dans les mouvements des corps célestes ?

En effet, il n'y a rien dans leur nature qui s'y oppose ; mais tout les favorise, en se prêtant aux mouvements propres à chacun d'eux, quoique en sens contraires ; en sorte que tous peuvent s'exécuter et être vus dans la matière éthérée répandue partout. Et non seulement tout cela marche de concert, sans empêchement, sur les orbes respectifs, mais encore autour des sphères et des axes de révolutions.

À la vérité les complications et les relations de ces mouvements divers nous paraissent et difficiles à saisir dans les représentations figurées que nous en faisons, et difficiles à appliquer aux mouvements célestes ; mais ces difficultés disparaissent quand on considère ces mouvements dans le ciel même où ils ne se présentent pas ainsi embarrassés les uns dans les autres. Il ne faut donc pas juger de la simplicité des choses célestes par les choses familières qui nous paraissent simples ; puisque celles-ci ne sont pas également simples pour tous les hommes. Autrement, on ne trouverait rien de simple dans ce qu'on voit dans le ciel, pas même l'immutabilité du premier mouvement. Comme il continue toujours de la même manière, il nous est, je ne dis pas difficile, mais impossible de l'expliquer, si ce n'est par la constance des corps célestes et par celle de leurs mouvements. Alors tout nous y paraîtra simple, et beaucoup plus simple que ce qui nous paraît tel dans tout ce qui nous est familier, et nous ne trouverons plus d'embarras ni de difficulté à concevoir leurs mouvements et leurs révolutions.
(*Idem*, XIII)

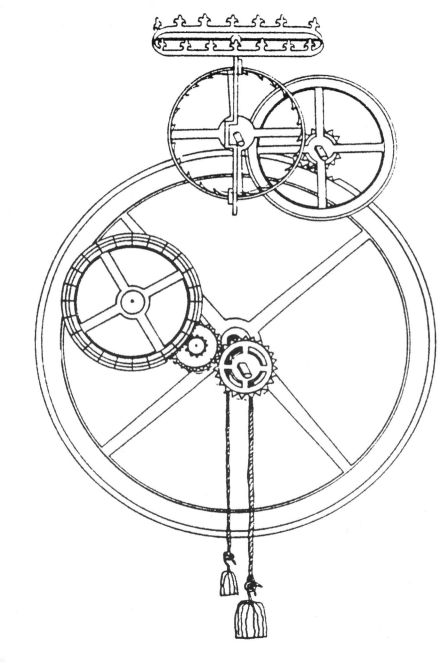

4. Le Moyen Âge

La science grecque a-t-elle été totalement oubliée durant le Moyen Âge ? Pour répondre à cette question, il faut d'une part considérer différentes périodes dans ce que l'on qualifie globalement de Moyen Âge, et d'autre part distinguer l'activité scientifique dans la sphère de l'Occident chrétien et dans celle du monde arabe. Pendant la période sombre, qui va des invasions barbares jusqu'au début du XIe siècle, de rares personnalités prennent conscience de la nécessité de sauver l'héritage de l'Antiquité. Entre autres, Boèce (mort vers 525), puis son disciple Cassiodore dont les *Institutions* sont reprises et développées par Isidore de Séville, vers 600. En Angleterre aussi, quelques-uns font œuvre de sauvetage dont Bède le Vénérable (mort en 735) et Jean Scot Érigène, qui vécut à la cour de Charles le Chauve, entre 845 et 870. Puis aux XIe et XIIe siècles, l'Europe s'éveille et des contacts entre pays favorisent l'introduction en Occident de la science arabe. Adélard de Bath est le pionnier de cette renaissance du XIIe siècle. Durant cette période, l'Espagne devient le grand centre culturel où les clercs de l'Europe entière viennent puiser aux sources arabes et donc redécouvrir la science grecque. Il faut citer en particulier l'école de Tolède où l'évêque Raimond (1126-1152) patronne le travail de traduction effectué par le Juif converti Jean de Luna et l'archidiacre Domingo Gondisalvo. Une activité de traduction que domine Gérard de Crémone (1114-1187) qui traduit en latin, entre autres, l'*Almageste* de Ptolémée, le *De mensura circuli* d'Archimède, les *Coniques* d'Apollonius, les trois premiers livres des *Météorologiques*, le *Traité du ciel* et la *Physique* d'Aristote ainsi que divers écrits d'al-Kindî, de Thâbit ibn Qurra, d'al-Fârâbî.
La période qui suit, celle de la fondation et de l'apogée des universités, couvre le XIIIe siècle et le début du XIVe. En Italie du

Nord, Giovanni Dondi, physicien que l'on peut classer comme réaliste, élabora vers 1370 la première horloge planétaire en Occident. À la réception passive de la culture arabe, se substitue une certaine activité créatrice, grâce surtout à l'influence de deux monarques éclairés, Frédéric II, roi de Sicile, et Alphonse X de Castille. Après la mort de Frédéric II, la cour sicilienne continue d'être, sous Manfred et Charles d'Anjou, un foyer largement ouvert aux influences orientales. Cette période faste, mais brève, est suivie par une période de régression économique qui s'accompagne de la décadence des universités, entre 1350 et 1450. Les rares épaves sauvées du naufrage par les clercs carolingiens, les traductions latines de quelques grands textes scientifiques grecs, les tentatives d'une activité créatrice autonome apparaissent bien dérisoires lorsqu'on les compare à l'héritage hellénique recueilli par les musulmans et, dans une certaine mesure, fécondé par eux. Face aux quelques individualités qui en Occident maintiennent la tradition grecque, le monde arabe voit naître et se développer divers observatoires, puis de véritables écoles astronomiques, dont la plus célèbre reste celle de Marâgha. Tout a commencé à Bagdad, dès la seconde moitié du VIIIe siècle, avec la traduction en arabe par Muhammad b. Ibrâhîm al-Farâzî et Ya'qû b. Târiq d'un ouvrage intitulé *Table astronomique indienne*. L'origine indienne des débuts de l'astronomie arabe est attestée par des fragments postérieurs qui montrent de plus que la *Table indienne* contenait également des éléments d'astronomie persane : les astronomies indienne et persane dépendant elles-mêmes de l'astronomie grecque. Après une brève période de compilation des données de l'astronomie grecque, vient une période d'analyse critique qui commence dès le deuxième quart du IXe siècle, et où s'illustrent Thâbit ibn Qurra, al-Battânî (né vers le milieu du IXe siècle) et al-Bîrûnî (973-1050). Puis, dès le XIe siècle, Ibn al-Haytam, plus connu sous le nom latinisé de Alhazen (965-1040), entreprend une refonte des modèles ptoléméens, que continueront, à l'observatoire de Marâgha, al-Tûsî (1201-1274) et ses successeurs al-Shîrâzî et al-Shâtir (1305-1375), sans toutefois remettre en cause, comme le fera Copernic, la physique aristotélicienne qui les sous-tend.

Thâbit ibn Qurra

Originaire de Harrân, en Haute-Mésopotamie, il semble que des démêlés avec les membres de la secte des Sabéens obligèrent Thâbit à émigrer à Bagdad où il mourut en 901, mais, si toutes les sources s'accordent sur la date de sa mort, celle de sa naissance reste incertaine : selon certains, il aurait vécu soixante-dix-sept ans (ce qui le fait naître en 824), selon d'autres, il serait né en 836. De langue maternelle syriaque, Thâbit connaissait le grec et l'arabe, ce qui lui permit d'avoir un accès direct à la science grecque, d'en être un traducteur fécond et d'en tirer matière pour une œuvre personnelle abondante dans toutes les sciences de son temps. On le crédite de plus de quarante ouvrages touchant à l'astronomie et à l'astrologie dont une douzaine nous sont parvenus dans leur intégralité. Parmi les traités strictement astronomiques, deux sont consacrés à la cosmologie de Ptolémée : l'*Almageste simplifié* et *La Présentation des orbes*. Le premier situe la place de l'homme dans un univers dont il donne les dimensions, une place qui permet de comprendre

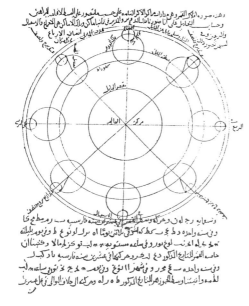

De l'habileté mathématique des astronomes arabes, certains historiens déduisent qu'ils auraient pu découvrir l'héliocentrisme avant Copernic ! À suivre leurs travaux, on en déduit plutôt que leur aptitude à perfectionner les combinaisons de cercles pour sauver mathématiquement les apparences ne pouvait au contraire que perpétuer le système géocentrique.

Le Moyen Âge

le vagabondage apparent des astres à partir d'une combinaison de mouvements circulaires uniformes, l'essentiel du contenu de ce traité vient, bien sûr, de l'*Almageste* de Ptolémée, mais aussi de son *Livre des hypothèses*. Le second présente la disposition des orbes célestes et décrit le mouvement des cinq planètes, de la lune et du soleil.

Thâbit ibn Qurra, qui se range dans le camp des fictionnalistes, soutient qu'on peut expliquer les apparences grâce à deux modèles géométriques différents.

La progression des astres, dans leur mouvement propre, est une progression uniforme en des temps égaux : lorsqu'ils progressent, pendant un jour quelconque, d'un degré, ils progressent d'un degré pendant le jour égal au premier. Nous appelons cette progression la progression uniforme. Cependant, même si tout se passe comme nous l'avons dit, leur progression apparente sur l'écliptique n'est pas uniforme, lorsqu'on prend leurs positions en longitude [...]. Voici la cause pour laquelle leur progression apparente est irrégulière, alors que leur progression, dans leur mouvement propre, est une progression uniforme : les centres des cercles sur lesquels se produit leur progression ne sont pas confondus avec le centre de la terre, mais ce sont d'autres points.

Les orbes, qui sont la cause de la progression apparente irrégulière des astres, se présentent selon l'un ou l'autre des deux modèles, ou selon des modèles composés à partir de l'un et l'autre.

Premier modèle : l'astre possède un orbe situé autour de la terre, son centre n'étant pas le centre de la terre ; c'est ce qu'on appelle l'excentrique. Lorsque, sur cet orbe, la progression de l'astre se produit au point le plus éloigné de la terre, sa progression apparente sur l'écliptique est lente ; lorsqu'elle se produit au point le plus proche de la terre, sa progression apparente sur l'écliptique est rapide. [...] Deuxième des deux modèles mentionnés : l'astre possède un orbe dont le centre est celui de la terre, et un autre orbe dont le centre se trouve sur la circonférence du premier. L'astre se déplace sur ce second orbe qui, lui, se déplace sur le premier ; on appelle épicycle l'orbe sur lequel se déplace l'astre. Il est possible de combiner ensemble ces deux

Thâbit ibn Qurra

modèles et d'obtenir ainsi diverses sortes de compositions ou d'irrégularités dans le mouvement : la progression de l'astre peut se faire sur un épicycle, l'épicycle peut se déplacer sur un excentrique, et l'excentrique peut également se déplacer sur un autre orbe.
(Thâbit ibn Qurra, l'*Almageste simplifié*, 6-7)

L'ordre des orbes qui s'emboîtent sans laisser de vide, respectant ainsi le principe de plénitude, est le suivant :

La terre est située au milieu du monde, elle a une forme circulaire, comme celle d'une sphère ; son centre est le centre de l'écliptique, et, à l'échelle de la sphère des fixes, elle est assimilable à un point qui n'a pas de dimension ; cependant à l'échelle de la sphère de la lune, elle a une dimension calculable : son diamètre vaut 1/33 de celui de la sphère de la lune. Quant au trois autres des quatre éléments, ce sont : l'eau, qui est introduite dans toute la sphère de la terre ; ensuite l'air, qui les entoure tous les deux de tous côtés, comme une sphère ; ensuite l'élément du feu qui entoure l'air comme une sphère ; puis la sphère de la lune entoure ces quatre éléments comme une sphère. Le point le plus haut de la sphère de la lune est tangent au point le plus bas de la sphère de Mercure. C'est de la même façon que se présente la situation de tous les astres errants : lorsqu'on les prend à la suite de bas en haut, il y a successivement la sphère de Vénus, la sphère du soleil, la sphère de Mars, la sphère de Jupiter et la sphère de Saturne ; puis la sphère des fixes entoure tout cet ensemble.
(Thâbit ibn Qurra, *Présentation des orbes*, 19)

Thâbit ibn Qurra résume ainsi la taille des astres et leur distance.

Le plus grand de tous est le soleil : il vaut environ 166 fois la terre. Dans un ordre de grandeur décroissante, viennent ensuite les étoiles de première grandeur : chacune d'elles vaut environ 96 fois la terre. Vient ensuite Jupiter, qui vaut environ 82 fois la terre. Vient ensuite Saturne, qui vaut environ 79 fois la terre. Vient ensuite Mars, qui vaut une fois et demie la terre. Vient ensuite Vénus, qui vaut environ 1/37 de la terre. Vient ensuite la lune, qui vaut 1/40 de la terre. Vient ensuite Mercure, qui vaut 1/19683 de la terre.

Le Moyen Âge

Les distances à la terre des différents astres sont les suivantes. C'est la lune qui est la plus proche de la terre : lorsqu'elle est au point le plus proche de son orbe, sa distance à la terre vaut environ 33 fois le rayon terrestre ; lorsqu'elle est au plus haut de son orbe, sa distance à la terre vaut environ 64 fois le rayon terrestre. Cette dernière distance est égale à celle du point de l'orbe de Mercure le plus proche de la terre. La distance du point le plus haut de l'orbe de Mercure vaut 166 fois le rayon terrestre, ce qui correspond au point le plus bas de l'orbe de Vénus. Le point le plus élevé de l'orbe de Vénus est à une distance d'environ 1 079 fois le rayon terrestre, ce qui correspond au point le plus bas de l'orbe du soleil. Le point le plus élevé de l'orbe du soleil vaut 1 260 fois le rayon terrestre, ce qui correspond au point le plus bas de l'orbe de Mars. La distance du point le plus élevé de l'orbe de Mars vaut 8820 fois le rayon terrestre, ce qui correspond au point le plus bas de l'orbe de Jupiter. La distance du point le plus haut de l'orbe de Jupiter vaut 14 187 fois le rayon terrestre, ce qui correspond au point le plus bas de l'orbe de Saturne. La distance du point le plus haut de l'orbe de Saturne vaut 19 865 fois le rayon terrestre.
(Thâbit ibn Qurra, l'*Almageste simplifié*, 13-15)

> Parmi les arguments en faveur d'une rotondité de la terre, celui le plus souvent avancé rappelait qu'un matelot placé en observation dans la mâture apercevait la côte avant un matelot placé sur le pont.

Giovanni Dondi

Père de Giovanni, Jacopo Dondi arriva à Padoue vers 1340. D'origine vénitienne, il avait auparavant exercé la médecine à Chioggia. Alchimiste et astrologue, il fut entre autres le constructeur de l'une des premières horloges automatiques à poids-moteur, installée en 1344 en haut de la tour du palais des Capitans. Giovanni Dondi, physicien et médecin, comme son père, se signala aussi comme homme de lettres et poète : mais l'entreprise qui le rendit célèbre fut la construction de son *astrarium*. Edifié en

Giovanni Dondi

une quinzaine d'années vers 1370, l'*astrarium* de Dondi fut, à ce qu'on sait, la première horloge planétaire en Occident. Grâce à d'étonnants trains d'engrenages mus par un moteur unique, elle visualisait à tout instant la situation des planètes dans le ciel. L'*astrarium* a instauré d'autre part une tradition : la représentation séparée des constructions géométriques des différentes planètes autour d'un moteur commun ; solution non seulement commode sur le plan mécanique, mais qui a aussi valeur de symbole : le moteur commun, lié au mouvement quotidien, est l'image du premier mobile de la cosmologie médiévale, qui est le principe de tous les autres mouvements célestes, dont la position centrale souligne la suprématie philosophique et physique que le Créateur lui a assignée dans la Création.

Dondi, qui se range dans le camp des réalistes, rappelle que les agencements conçus par les Anciens pour rendre compte des apparences célestes sont si difficiles à imaginer que certains mettent en doute leur existence même.

Les mouvements multiples et variés qu'avec habileté les Anciens ont découverts à la suite de maintes observations attentives, qu'ils ont sauvés au moyen d'une ingénieuse construction et qu'ils ont expliqués aux générations suivantes, […] les anciens astronomes ont enseigné qu'ils provenaient d'une quantité d'orbes et de cercles si extraordinaire que leur agencement ne peut être complètement saisi que par un très petit nombre de savants […]. Certains, qui ne sont ni des moindres ni quelconques mais bien au contraire des plus éminents et dont l'autorité est telle qu'on attache grande confiance à leurs opinions, ont affirmé que cet agencement était absolument impossible et qu'il impliquait des erreurs manifestes, et ils se sont efforcés de montrer qu'il menait à des contradictions inacceptables ; en effet, si les centres des corps des planètes se déplacent sur les circonférences des épicycles (ou si, en se déplaçant ainsi, ils décrivent les épicycles eux-mêmes), si les centres de ces épicycles sont entraînés sur les circonférences des déférents (ou si, en se déplaçant, ils décrivent les déférents eux-mêmes), si enfin les centres des déférents eux-mêmes se meuvent autour du centre du monde en décrivant de petits cercles […], tout cela entraîne

Le Moyen Âge

forcément qu'il y a soit un vide, soit une pénétration des corps, ou bien une raréfaction et une condensation, c'est-à-dire une altération dans les êtres de là-haut, toutes choses impossibles, selon les philosophes de la nature [...]. En fait, ils s'en sont tenus à la surface des mots, sans voir leur signification profonde, parce qu'ils n'ont pas vu comment tout cela pouvait se produire sans entraîner les inconvénients dont on vient de parler.
(Giovanni Dondi, *Traité de l'astrarium*)

À ceux qui nient la matérialité des orbes célestes conçus par les astronomes pour rendre compte des apparences, Dondi va opposer ses arguments d'artisan.

> L'astrolabe est un instrument plan qui donne une représentation du mouvement diurne de la sphère céleste et du mouvement annuel du soleil. Les cercles de la sphère céleste sont projetés sur un disque plein fixe, tandis que les astres sont projetés sur un disque ajouré mobile. Son usage était plus pédagogique qu'observationnel.

C'est pourquoi j'ai imaginé, avec l'aide divine, de réaliser un ouvrage où puissent être vus par l'œil tous les mouvements en longitude que les astronomes assignent aux planètes, avec leurs cercles et leurs périodicités, où puissent être remarquées ces nombreuses particularités que les savants enseignent et que l'expérience montre, où l'on puisse même avoir à chaque instant, sans aucun calcul fastidieux, les positions de toutes les planètes, leurs arguments vrais et moyens, leurs centres moyens, leurs auges et leurs autres coordonnées, comme si on avait opéré avec les tables pour ce même instant, et tout cela avec une différence infime ou, s'il y en a une, presque négligeable. Cet ouvrage, une fois achevé avec le concours de la grâce divine qui est au commencement et à la fin de toute entreprise, pourra alors démontrer clairement à tout critique impudent qu'il est parfaitement possible et tout à fait certain de concevoir l'existence de ces différents corps célestes et sphères que les auteurs susdits ont conçus en théorie. On peut en effet affirmer que ce que l'esprit humain, sous la conduite divine, aura construit de façon artisanale, dans un matériau très ordinaire, sans rencontrer d'inconvénient ni d'impossibilité, il a été encore plus facile à la toute-puissance du Créateur de le mettre en place dans le ciel, de façon plus parfaite et avec encore moins d'inconvénient. (*Idem*)

Puis il donne le plan de son ouvrage et souligne, avant de passer à la description de la machine du monde, qu'il n'a pas hésité à compliquer son projet.

> Comme le but du mécanisme que je projetais était de montrer les vrais lieux des planètes, leurs évolutions, leurs mouvements et leurs orbes et que, selon Aristote, il est juste que toute chose tire son nom de sa finalité, j'ai tout naturellement donné le nom d'*Astrarium* tout ensemble à ce mécanisme et au livre où sont décrits sa composition, son usage, sa mise en route et la façon d'en corriger les erreurs. […]
>
> Dans la première partie est exposée la façon de construire ce mécanisme […] en traitant successivement chacun de ses éléments aussi clairement que le sujet le permet, afin que quiconque ayant la compétence technique mais peu versé en astronomie ait désormais la possibilité d'entreprendre la construction d'un tel mécanisme.
>
> Dans la deuxième partie, on trouvera la façon de mettre en route et de régler ce mécanisme une fois achevé, afin que toutes les planètes et les cercles qui y seront représentés soient mis en place correctement […]. Comme ces mouvements des astres ne peuvent être parfaitement reproduits, surtout dans une réalisation de dimensions si modestes, sans que, au bout d'un certain temps, il ne se produise quelques erreurs, on verra dans la troisième partie, pour chacun des mouvements, quelles sont ces erreurs, leur ampleur, le temps au bout duquel elles deviennent importantes et, lorsqu'elles seront devenues telles, comment les corriger, afin que, une fois ces erreurs corrigées, le mécanisme revienne à son cours correct. […]
>
> Le cadre ou cage du mécanisme où sera installé tout ce qui le compose, je le fais à sept faces et sept angles, conformément au nombre des planètes, pour que chaque face corresponde à une planète. Mais je veux que, selon l'organisation de l'univers, tous les mouvements dépendent d'un premier moteur ; c'est pourquoi je prévois une horloge pour qu'elle entraîne la roue diurne ou horaire de façon qu'elle fasse son tour en exactement vingt-quatre heures ; elle sera pour ainsi dire le premier moteur d'où toutes les autres roues recevront leurs mouvements.

(*Idem*)

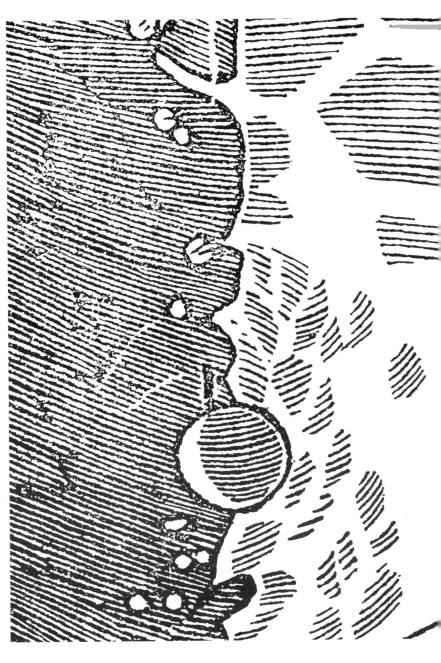

5. La Renaissance

Avec le *De revolutionibus orbium coelestium* (*Des révolutions des orbes célestes*), publié en 1543, l'année même de la mort de son auteur, l'astronome polonais Nicolas Copernic, un mouvement s'amorce que l'on qualifiera plus tard de révolution copernicienne et qui culminera avec la publication en 1687 des *Philosophiae naturalis principia mathematica* (*Les Principes mathématiques de la philosophie naturelle*) de Newton. En proposant aux savants un nouvel ordre du monde, Copernic ne bouleverse pas seulement l'astronomie. Certes, le mouvement de la terre autour du soleil offre une stratégie nouvelle à l'astronomie, même si Copernic semble incapable de l'exploiter lui-même. Ainsi, paradoxalement, alors que ce mouvement de la terre, combiné à celui des planètes, éclaire l'énigme des stations et des rétrogradations, on ne trouve pas dans le *De revolutionibus* de tables de ces phénomènes, alors qu'on les trouve dans l'*Almageste* de Ptolémée ! Kepler, étudiant le mouvement de Mars après lui avoir retranché celui de la terre, découvrira que cette planète décrit une ellipse dont le soleil occupe l'un des foyers. Mais, plus profondément, la nouvelle astronomie devait bouleverser la physique tout entière. En effet une cosmologie ne saurait être indépendante d'une physique, celle de Ptolémée s'appuyait sur celle d'Aristote qui l'avait largement précédée ; l'ensemble formait un tout avec certaines faiblesses, et même des contradictions partielles, mais globalement cohérent. Copernic propose une nouvelle cosmologie sans faire œuvre de physicien. Le monde savant se retrouve face à une cosmologie pour ainsi dire suspendue dans le vide. Le dilemme est simple : ou bien adhérer à la nouvelle cosmologie, pour des raisons astronomiques ou philosophiques, et répudier la physique d'Aristote, et donc se voir obligé de construire une nouvelle

La Renaissance

physique, ou bien garder la physique aristotélicienne et refuser l'héliocentrisme. Galilée et Descartes feront le bon choix et construiront chacun une nouvelle physique. Galilée a sinon des preuves du moins des raisons objectives de refuser la cosmologie et la physique d'Aristote : dans sa lunette, il a vu les phases de Vénus et les satellites de Jupiter. Si les phases de Vénus sont incompatibles avec l'ordre du système solaire selon Aristote ou Ptolémée, les satellites de Jupiter sont incompatibles avec les fondements mêmes de la cosmologie et de la physique anciennes ; en effet Aristote affirme non seulement que les astres ont des mouvements circulaires, mais qu'il n'y a dans le monde qu'un seul centre physique de révolution, et il ajoute fort imprudemment que s'il y en avait plus d'un, il pourrait y en avoir une infinité. Dès l'instant où des corps circulent autour de Jupiter, même si l'on reste géocentriste, force est d'admettre qu'il y a au moins deux centres physiques de rotation dans l'univers : la terre et Jupiter. Autre point important, en introduisant la rotation de la terre sur elle-même, Copernic immobilise les étoiles qui désormais méritent totalement leur qualificatif de fixes. Or, le mouvement de la sphère étoilée était le seul argument réellement pertinent contre la possibilité d'un univers de dimension infinie.
Si Copernic refuse de se prononcer sur l'infinité du monde, si Descartes et Galilée préfèrent parler d'un monde indéfini plutôt qu'infini, Giordano Bruno n'hésite pas à affirmer que seul un monde infini peut manifester la puissance infinie de son Créateur. On souligne souvent que Copernic fait de la terre une simple planète, mais on oublie que, réciproquement, il fait des planètes d'autres terres. Le système de Copernic va donc provoquer un autre débat, celui de l'habitabilité des planètes, qui sera très fourni dès la fin du XVIIe siècle et qui n'est pas clos, sinon dans notre système solaire, du moins à l'échelle de l'univers.

Nicolas Copernic

Dès 1510, Copernic affirme son héliocentrisme dans un petit texte manuscrit, le *Commentariolus*, qui connaît une diffusion restreinte vers 1514. En 1540, Georg Joachim Rheticus, l'unique élève que Copernic ait eu de son vivant, reprend la thèse héliocentriste de son maître dans un ouvrage imprimé, la *Narration prima*. Dans la grande machinerie de l'univers, Copernic permute la place et la fonction de deux pièces : la terre et le soleil. La terre perd avec lui le statut privilégié qu'elle avait depuis l'Antiquité, prenant rang de simple planète, comme Vénus ou Mars ; elle tourne en un an autour du soleil qui occupe désormais, immobile, le centre du monde ; elle tourne sur elle-même en vingt-quatre heures, laissant la sphère des étoiles immobile. Un nouvel ordre du monde en émerge, ou plutôt un véritable ordre du monde. Un lien simple apparaît entre les distances des planètes au centre du monde et les durées de leurs révolutions : plus une planète est loin du soleil plus sa révolution est lente. Un lien qui probablement fut déterminant dans la décision de Copernic de dépasser les apparences et d'introduire, contre le sens commun, le mouvement de la terre. Un lien qui persuadera Kepler de la justesse du système héliocentrique, et dont il donnera l'expression mathématique.

Dans la lettre préface au pape Paul III qui ouvre le *De revolutionibus*, Copernic reconnaît combien le mouvement de la terre peut heurter le sens commun.

> Je puis fort bien m'imaginer, Très Saint Père, que dès que certaines gens auront appris que, dans ces livres que j'ai composés sur les révolutions des sphères du monde, j'attribue au globe terrestre certains mouvements, ils vont aussitôt réclamer à grands cris notre condamnation, pour moi et pour cette opinion. […] Aussi, comme je

La Renaissance

me représentais combien absurde allaient estimer ma doctrine ceux qui savent être confirmée par le jugement de nombreux siècles l'opinion que la terre est immobile au milieu du ciel, comme si elle en était le centre, moi qui, au contraire, affirme que la terre se meut, j'ai longuement hésité : publierais-je les livres que j'ai écrits pour démontrer son mouvement, ou bien ne suivrais-je pas plutôt l'exemple des pythagoriciens et de quelques autres, qui ont accoutumé de transmettre, non pas par écrit, mais de la main à la main, les mystères de la philosophie à leurs proches seulement et à leurs amis. (Nicolas Copernic, *De revolutionibus*)

Pourtant, il a osé rendre compte de la marche du ciel.

De plus, ils n'ont pas été en mesure de découvrir ou de déduire à partir de ces cercles la chose principale, c'est-à-dire la constitution du monde et l'exacte proportion existant entre ses parties ; il leur arrive ce qui arriverait à qui prendrait de divers côtés des mains, des pieds, une tête et d'autres membres, fort bien représentés en eux-mêmes, sans doute, mais non point si on les rapporte à un même corps, puisqu'ils ne vont pas ensemble : c'est un monstre que l'on formerait ainsi bien plutôt qu'un homme.

C'est pourquoi, au cours de leur démonstration (qu'ils dénomment *methodos*), on découvre qu'ils ont soit omis quelque chose de nécessaire soit admis quelque chose d'étranger et de tout à fait inapproprié. Cela ne leur serait pas arrivé s'ils avaient suivi des principes certains. Car si les hypothèses qu'ils ont admises n'étaient pas fallacieuses, tout ce qui en découle serait vérifié sans aucun doute. (*Idem*)

Nicolas Copernic

Ayant souligné les difficultés de ses prédécesseurs pour réaliser un tel projet, il pose la série des postulats sur lesquels il fonde un nouvel ordre du monde.

Ayant donc, pour ma part, remarqué ces difficultés, je me demandais souvent si d'aventure l'on pouvait trouver un système plus rationnel de cercles d'où toute irrégularité apparente découlerait, tandis que tous seraient mus uniformément autour de leurs centres, comme l'exige le principe du mouvement parfait. Après que j'eus attaqué ce problème extrêmement difficile et presque inextricable, le moyen s'est offert enfin de le résoudre à l'aide d'éléments moins nombreux et bien mieux appropriés que ceux utilisés par l'ancienne tradition, pourvu que l'on me concède quelques postulats que l'on appelle axiomes. Ces postulats viennent dans l'ordre suivant :

Premier postulat : Il n'y a pas un centre unique pour tous les orbes ou sphères célestes.

Deuxième postulat : Le centre de la terre n'est pas le centre du monde, mais seulement le centre des graves et le centre de l'orbe lunaire.

Troisième postulat : Tous les orbes entourent le soleil qui se trouve pour ainsi dire au milieu d'eux tous, et c'est pourquoi le centre du monde est au voisinage du soleil.

Quatrième postulat : Le rapport de la distance du soleil à la terre vis-à-vis de la hauteur de la sphère des étoiles est plus petit que le rapport du rayon de la terre à la distance entre le soleil et la terre, au point que la distance du soleil à la terre est imperceptible en comparaison de la hauteur de la sphère des étoiles.

Cinquième postulat : Tout mouvement qui paraît appartenir à la

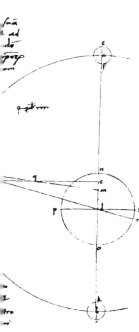

Dans le système de Copernic, le soleil est le centre du monde, mais il n'est pas au centre géométrique. Le centre physique du monde et son centre géométrique sont animés d'un mouvement l'un par rapport à l'autre. Dans le *De revolutionibus*, Copernic se pose la question de savoir, sans pouvoir y répondre, lequel tourne autour de l'autre.

La Renaissance

sphère des étoiles ne provient pas d'elle mais de la terre. La terre, donc, avec les éléments tout proches, accomplit d'un mouvement diurne une révolution complète, autour de ses pôles fixes, tandis que demeure immobile la sphère des étoiles ou ciel ultime.

Sixième postulat : Les mouvements qui nous paraissent appartenir au soleil ne proviennent pas de lui, mais de la terre et de notre orbe, avec lequel nous effectuons des révolutions autour du soleil comme n'importe quelle autre planète. Ainsi donc la terre est entraînée par plusieurs mouvements.

Septième postulat : Les mouvements rétrograde et direct qui se manifestent dans le cas des planètes ne proviennent pas de celles-ci, mais de la terre. Le mouvement de la terre seule suffit donc à expliquer un nombre considérable d'irrégularités apparentes dans le ciel.
(Nicolas Copernic, *Commentariolus*)

Un ordre du monde dont il souligne l'harmonie, et qu'il présente en ces termes :

> Les orbes célestes s'entourent les uns les autres dans l'ordre suivant. Le plus élevé est celui des étoiles fixes qui, immobile, contient toutes choses et leur donne un lieu. Au-dessous, il y a celui de Saturne, que suit celui de Jupiter, puis vient celui de Mars. Sous ce dernier se trouve l'orbe sur lequel nous sommes entraînés d'un mouvement circulaire, puis viennent celui de Vénus et, le dernier, celui de Mercure. Quant à l'orbe de la lune, il tourne autour du centre de la terre, et il est emporté avec elle, tel un épicycle. C'est encore dans le même ordre que les vitesses de révolution des orbes se surpassent l'une l'autre, selon que les orbes accomplissent des révolutions plus ou moins grandes. Ainsi donc Saturne revient à son point de départ en trente ans, Jupiter en douze ans, Mars en deux ans, la terre en une

> **D**eux éditions du *De revolutionibus* ont suivi celle de 1543 à **Nuremberg** : l'une à **Bâle**, en 1566, et l'autre, à **Amsterdam**, en 1617, un an après le décret du Saint-Office mettant cet ouvrage à l'Index, ainsi que "tous les autres ouvrages qui enseignent la même doctrine".

révolution annuelle ; Vénus accomplit une révolution en neuf mois, Mercure en trois mois. (*Idem*)

Il présente ensuite les mouvements qu'il faut attribuer à la terre pour sauver toutes les apparences.

> La terre est mue circulairement d'un triple mouvement. Par le premier, elle tourne en un an, suivant l'ordre des signes, sur un grand orbe autour du soleil, décrivant toujours des arcs égaux dans des temps égaux : le centre de cet orbe est éloigné du centre du soleil d'une distance égale à la 25e partie du rayon de l'orbe. […] Et par cet orbe, en vérité, ce n'est pas seulement la terre, mais en même temps tout ce qui est inclus dans l'orbe lunaire, qui est mû circulairement.
> Le deuxième mouvement de la terre est le mouvement de révolution diurne qui appartient tout à fait en propre à la terre et qui s'effectue autour de ses pôles selon l'ordre des signes, c'est-à-dire vers l'est : par ce mouvement le monde entier semble emporté dans un tourbillon impétueux. Ainsi donc la terre tourne avec, autour d'elle, l'eau et l'air tout proches.
> (*Idem*)

Johannes Kepler

Le 3 septembre 1589, Kepler entre à l'université de Tübingen où il a pour professeur Michaël Maestlin qui fera de lui, fait rare un demi-siècle après la parution du *De revolutionibus*, un copernicien convaincu. Frappé par la relation simple, mais non explicitée mathématiquement, qui lie les distances et les durées des révolutions des planètes dans le système héliocentrique, il va s'interroger sur le pourquoi de ce lien. Mais aussi sur la raison pour laquelle les planètes sont au nombre de six et ont ces distances entre elles. Autant de questions qui tourmenteront Kepler sa vie durant, et auxquelles il croira donner une réponse géométrique, dès 1596, dans son premier ouvrage, au titre révélateur, *Mysterium cosmographicum* (*Le Secret du monde*), où il croit de plus avoir découvert le plan divin du monde, mais qui le conduiront, en 1618, à la découverte de la forme

La Renaissance

mathématique du lien copernicien : les cubes des grands axes sont proportionnels aux carrés des distances.

Dès les premières pages, Kepler expose son projet.

> Je passe sous silence le fait que mon sujet est un puissant argument en faveur de la Création, que les Philosophes ont niée, quand nous voyons comment Dieu, à l'instar de n'importe quel architecte humain, a procédé à la création du monde avec ordre et mesure et qu'il a ainsi mesuré chaque chose, comme si ce n'était pas l'art qui imitait la Nature, mais Dieu lui-même qui avait considéré la manière de construire de l'homme qui devait exister un jour ! [...] Mon dessein, Lecteur, est de démontrer dans ce petit ouvrage que le Créateur Très Bon et Très Grand s'est référé pour la création de ce monde mobile et la disposition des cieux à ces cinq corps réguliers qui, depuis Pythagore et Platon jusqu'à nos jours, ont acquis une si grande célébrité, et qu'il a ordonné en fonction de leur nature le nombre des cieux, leur proportion et le rapport de leurs mouvements.
> (Johannes Kepler, *Le Secret du monde*)

Avant de résumer sa démarche, Kepler affiche son copernicianisme et présente les avantages de l'héliocentrisme.

> J'en étais même venu à assigner aussi à la terre le mouvement du soleil, mais alors que Copernic le fait à partir de raisons mathématiques, je le faisais à partir de raisons physiques ou, mieux encore, métaphysiques. Et dans ce but, je me mis à rassembler peu à peu soit à partir de l'enseignement de Maestlin soit par mes propres forces, les avantages que Copernic présente, du point de vue mathématique, par rapport à Ptolémée. [...] Et il y avait alors trois choses particulièrement dont je cherchais avec obstination pourquoi elles étaient ainsi et non pas

Johannes Kepler

autrement, à savoir : le nombre, la grandeur et le mouvement des orbes. Ce qui me poussait à m'attaquer à ce problème, c'est la belle harmonie des choses immuables, soleil, étoiles fixes et espace intermédiaire, avec Dieu le Père, le Fils et le Saint-Esprit […]. Je ne doutais pas que, puisque les choses immuables présentaient cette harmonie, les choses mobiles ne dussent aussi en présenter une. Je m'attaquai d'abord à la question au moyen de nombres, et je cherchai si un orbe ne serait pas le double d'un autre, le triple, le quadruple ou tout autre rapport, ou si ce rapport ne se trouverait pas entre les écarts d'un orbe par rapport à un autre. Je perdis beaucoup de temps à ce travail comme à un jeu, puisque nulle régularité n'apparaissait ni dans les proportions des orbes ni dans leurs différences, et je ne tirai de là nulle autre utilité que de graver très profondément dans ma mémoire les distances mêmes, telles qu'elles sont enseignées par Copernic. […] Ce qui cependant me consolait et me rendait l'espoir, c'était, avec d'autres raisons dont il sera question plus loin, le fait que le mouvement semblait toujours dépendre de la distance et que, là où il y avait un large intervalle entre les orbes, il y avait aussi une grande différence entre les mouvements. […] N'ayant rien obtenu par cette voie, j'essayai l'approche par une autre voie extraordinairement audacieuse : entre Jupiter et Mars ainsi qu'entre Vénus et Mercure, j'intercalai deux nouvelles planètes que, peut-être, à cause de leur petitesse nous ne pouvions voir, et j'attribuai à chacune un temps de révolution.

> **E**n traçant, pour des raisons astrologiques, ces triangles, Kepler découvrit que les points où se coupaient mutuellement leurs côtés esquissaient un cercle plus petit (le rayon d'un cercle inscrit dans un triangle équilatéral est la moitié du rayon du cercle circonscrit). Cette dernière tentative infructueuse le mit sur la voie des sphères inscrites et circonscrites aux polyèdres réguliers.

Je pensais pouvoir ainsi produire une certaine régularité dans les rapports, rapports qui, entre deux orbes, iraient diminuant à mesure que l'on se rapproche du soleil, et augmentant quand on va vers les

La Renaissance

fixes, tout comme le rapport de l'orbe de la terre à celui de Vénus est plus petit que le rapport de l'orbe de Mars à celui de la terre. Mais même l'interposition d'une planète dans l'immense hiatus entre Mars et Jupiter ne suffisait pas.
(Johannes Kepler, *Le Secret du monde*)

Il donne ensuite la structure géométrique de l'univers :

La fin de cette tentative sans succès fut, cependant, l'origine d'un dernier et heureux effort. Je réfléchis, en effet, que, dans cette voie, si je voulais suivre l'ordre des figures, je ne parviendrais jamais au soleil, et que je n'obtiendrais jamais la raison pourquoi il y a six orbes mobiles plutôt que vingt ou cent. Et pourtant, la considération de figures me plaisait, en tant qu'il s'agit de quantités et donc d'une réalité antérieure au ciel. La quantité, en effet, a été créée à l'origine en même temps que le corps, mais les cieux le deuxième jour. Et si (pensais-je) en accord avec la quantité et la proportion des six orbes que Copernic a posés, on pouvait, parmi l'infinité des figures, en trouver cinq seulement qui eussent, à la différence de toutes les autres, des propriétés particulières, alors mon désir serait exaucé. Aussi je me remis de nouveau à l'étude : pourquoi mettre des figures planes entre des orbes solides ? Faisons plutôt intervenir des corps solides. Et voilà, Lecteur, la découverte qui fait la matière de tout ce petit livre. Car il suffit d'être tant soit peu expert en géométrie pour que ces quelques mots fassent venir immédiatement à l'esprit les cinq corps réguliers, avec les rapports de leurs sphères inscrites et circonscrites, et pour que l'on ait devant les yeux le *scholion* de la proposition 18 du livre XIII des *Éléments* d'Euclide, où il est démontré qu'il ne peut exister, ou qu'on ne peut concevoir, plus de cinq solides réguliers.

Sur cette figure, tracée par Kepler, on voit l'hiatus entre Mars (G) et Jupiter (F) que Kepler a tenté de combler par une nouvelle planète, ainsi qu'entre Mercure et Vénus. Les pythagoriciens, dans leur désir de valoriser la décade, avaient aussi introduit un dixième corps céleste, l'antiterre, aux cinq planètes, à la terre, aux deux luminaires et à la sphère étoilée.

Mais il est une chose bien remarquable : alors que je n'étais pas encore certain de l'ordre de ces corps à partir de leurs prérogatives, néanmoins en usant d'une conjecture nullement trop hasardée, puisqu'elle était tirée des distances connues des planètes, j'ai si heureusement touché le but en ce qui concerne l'ordre des corps, que, plus tard, je n'ai rien eu à changer, lorsque j'ai examiné ces questions avec de meilleures raisons.

Pour mémoire, je te transcris cette opinion, telle qu'elle m'apparut alors et dans les termes où je la conçus à ce moment : La terre est le Cercle qui mesure tout, circonscris-lui le Dodécaèdre. Le Cercle comprenant ce dernier sera Mars, à Mars circonscris le Tétraèdre. Le Cercle comprenant ce dernier sera Jupiter, à Jupiter circonscris le Cube. Le Cercle comprenant ce dernier sera Saturne, maintenant inscris l'Icosaèdre à la terre. Le Cercle inscrit dans celui-ci sera Vénus. À Vénus inscris l'Octaèdre. Le Cercle inscrit dans celui-ci sera Mercure. Tu tiens là la raison du nombre des planètes.
(*Idem*)

René Descartes

Descartes a rédigé son *Monde* entre 1629 et 1633, et renonce à le publier en novembre 1633, après avoir appris la condamnation de Galilée, suite à la publication du *Dialogue sur les deux grands systèmes du monde*, résolument copernicien. Dans *Le Monde*, en effet, Descartes se rallie à l'héliocentrisme. Après ce renoncement, Descartes a présenté ses recherches de façon différente, d'abord dans le *Discours de la méthode*, en 1637, puis dans les *Principia philosophiae*, en 1644. *Le Monde* de René Descartes ou *Traité de la lumière* est à la fois une physique, une cosmologie et une cosmogonie (la première cosmogonie depuis le *Timée* de Platon). De plus, *Le Monde*, tout comme le *Timée*, inclut un *Traité de l'homme*, en tant qu'il est le spectateur du monde. Si la métaphysique de Descartes évolue entre le moment où il rédige son *Monde* et celui où il rédige les *Méditations*, il lie déjà sa physique à une métaphysique, et le rôle qu'il assigne à celle-ci ne change pas : la physique trouve ses fondements dans la métaphysique.

La Renaissance

Descartes développe une physique mécaniste où la matière première du monde est composée de trois éléments qui, dépouillés des qualités scolastiques, sont définis par leurs figures et leurs tailles.

Je conçois le premier, qu'on peut nommer l'élément du feu, comme une liqueur la plus subtile et la plus pénétrante qui soit au monde. Et en suite de ce qui a été dit ci-dessus, touchant la nature des corps liquides, je m'imagine que ses parties sont beaucoup plus petites, et se remuent beaucoup plus vite, qu'aucune de celles des autres corps. Ou plutôt, afin de n'être pas contraint d'admettre aucun vide en la nature, je ne lui attribue point de parties qui aient aucune grosseur ni figure déterminée ; mais je me persuade que l'impétuosité de son mouvement est suffisante pour faire qu'il soit divisé, en toutes façons et en tous sens, par la rencontre des autres corps, et que ses parties changent de figure à tous moments, pour s'accommoder à celle des lieux où elles entrent ; en sorte qu'il n'y a jamais de passage si étroit ni d'angle si petit, entre les parties des autres corps, où celles de cet élément ne pénètrent sans aucune difficulté, et qu'elles ne remplissent exactement. Pour le second, qu'on peut prendre pour l'élément de l'air, je le conçois bien aussi comme une liqueur très subtile, en le comparant avec le troisième ; mais pour le comparer avec le premier, il est besoin d'attribuer quelque grosseur et quelque figure à chacune de ses parties, et de les imaginer à peu près toutes rondes, et jointes ensemble, ainsi que des grains de sable et de poussière. En sorte qu'elles ne se peuvent si bien agencer, ni tellement presser l'une contre l'autre, qu'il ne demeure toujours autour d'elles plusieurs petits

La lune nous présente toujours la même face ; Descartes en déduit qu'elle ne tourne pas sur elle-même ! Pourtant, la lune tourne bien sur elle-même, mais sa période de rotation est identique à sa période de révolution : elle nous semble immobile.

intervalles dans lesquels il est bien plus aisé au premier élément de se glisser, que non pas à elles de changer de figure tout exprès pour les remplir. Et ainsi je me persuade que ce second élément ne peut être si pur en aucun endroit du monde qu'il n'y ait toujours avec lui quelque peu de la matière du premier. Après ces deux éléments, je n'en reçois plus qu'un troisième, à savoir celui de la terre, duquel je juge que les parties sont d'autant plus grosses et se remuent d'autant moins vite, à comparaison de celles du second, que sont celles-ci à comparaison de celles du premier. Et même je crois que c'est assez de le concevoir comme une ou plusieurs grosses masses, dont les parties n'ont que fort peu ou point du tout de mouvement qui leur fasse changer de situation à l'égard l'une de l'autre.
(*Le Monde*, éd. Adam Tannery, vol. XI, 24-25)

Descartes ayant remarqué que, selon leur comportement vis-à-vis de la lumière, tous les corps du monde se répartissent également en trois sortes : les lumineux, comme les étoiles et le soleil, composés donc du premier élément ; les translucides, comme les cieux, composés du deuxième élément ; les opaques, comme la terre et les planètes, composés du troisième ; il traite ensuite de l'espace dans lequel il va faire naître un monde semblable à celui que nous observons.

Permettez donc pour un peu de temps à votre pensée de sortir hors de ce monde, pour en venir voir un autre tout nouveau que je ferai naître en sa présence dans les espaces imaginaires. Les Philosophes nous disent que ces espaces sont infinis ; et ils doivent bien en être crus, puisque ce sont eux-mêmes qui les ont faits. Mais afin que cette infinité ne nous empêche et ne nous embarrasse point, ne tâchons pas d'aller jusques au bout ; entrons-y seulement si avant que nous puissions perdre de vue toutes les créatures que Dieu fit il y a cinq ou six mille ans ; et, après nous être arrêtés là en quelque lieu déterminé, supposons que Dieu crée de nouveau tout autour de nous tant de matière que, de quelque côté que notre imagination se puisse étendre, elle n'y aperçoive plus aucun lieu qui soit vide. Bien que la mer ne soit pas infinie, ceux qui sont au milieu sur quelque vaisseau peuvent étendre leur vue, ce semble, à l'infini ; et toutefois il y a encore de l'eau au-delà de ce qu'ils voient. (*Idem*, 31-32)

La Renaissance

Il présente ensuite les lois auxquelles cette matière est soumise.

Mais je ne veux pas différer plus longtemps à vous dire par quel moyen la nature seule pourra démêler la confusion du chaos dont j'ai parlé, et quelles sont les lois que Dieu lui a imposées. Sachez donc, premièrement, que, par la nature, je n'entends point ici quelque déesse, ou quelque autre sorte de puissance imaginaire, mais que je me sers de ce mot pour signifier la matière même, en tant que je la considère avec toutes les qualités que je lui ai attribuées, comprises toutes ensemble, et sous cette condition que Dieu continue de la conserver en la même façon qu'il l'a créée. Car de cela seul qu'il continue ainsi de la conserver, il suit, de nécessité, qu'il doit y avoir plusieurs changements en ses parties, lesquels ne pouvant, ce me semble, être proprement attribués à l'action de Dieu, parce qu'elle ne change point, je les attribue à la nature ; et les règles suivant lesquelles se font ces changements, je les nomme les lois de la nature. […] Mais, sans m'engager plus avant dans ces considérations métaphysiques, je mettrai ici deux ou trois des principales règles suivant lesquelles il faut penser que Dieu fait agir la nature de ce nouveau monde, et qui suffiront, comme je crois, pour vous faire connaître toutes les autres.

La première est que chaque partie de la matière, en particulier, continue toujours d'être en un même état, pendant que la rencontre des autres ne la contraint point de le changer. C'est-à-dire que, si elle a quelque grosseur, elle ne deviendra jamais plus petite, sinon que les autres la divisent ; si elle est ronde ou carrée, elle ne changera jamais cette figure, sans que les autres l'y contraignent ; si elle est arrêtée en quelque lieu, elle n'en partira jamais, que les autres ne l'en chassent ; et si elle a une fois commencé à se mouvoir, elle continuera toujours avec une égale force, jusques à ce que les autres l'arrêtent ou la retardent. […] Je suppose pour seconde règle que, quand un corps en pousse un autre, il ne saurait lui donner aucun mouvement qu'il n'en perde en même temps autant du sien ; ni lui en ôter que le sien ne s'augmente d'autant. Cette règle, jointe avec la précédente, se rapporte fort bien à toutes les expériences dans lesquelles nous voyons qu'un corps commence ou cesse de se mouvoir, parce qu'il est poussé ou arrêté par quelque autre. […] Mais encore que tout ce que nos sens ont jamais expérimenté dans le vrai monde semblât

René Descartes

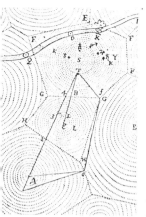

Dans le monde tourbillonnaire de Descartes, nul vide, donc nul lieu où la loi de l'inertie puisse s'exercer. Pourtant, Descartes est le premier à énoncer clairement cette loi, mais il est vrai que, dans son esprit, elle est plus métaphysique que physique ; elle est la marque de l'immutabilité de Dieu.

manifestement être contraire à ce qui est contenu dans ces deux règles, la raison qui me les a enseignées me semble si forte que je ne laisserais pas de croire être obligé de les supposer dans le nouveau que je vous décris. Car quel fondement plus ferme et plus solide pourrait-on trouver pour établir une vérité, encore qu'on le voulût choisir à souhait, que de prendre la fermeté même et l'immutabilité qui est en Dieu ? [...] J'ajouterai pour la troisième que, lorsqu'un corps se meut, encore que son mouvement se fasse le plus souvent en ligne courbe, et qu'il ne s'en puisse jamais faire aucun qui ne soit en quelque façon circulaire, ainsi qu'il a été dit ci-dessus, toutefois chacune de ses parties en particulier tend toujours à continuer le sien en ligne droite. Et ainsi leur action, c'est-à-dire l'inclination qu'elles ont à se mouvoir, est différente de leur mouvement.

(*Le Monde*, éd. Adam Tannery, vol. XI, 36-44)

Puis le philosophe décrit comment se forment les tourbillons qui deviendront le symbole de la physique cartésienne et l'objet des plus vives critiques des newtoniens.

Il est vrai que cette égalité n'a pu totalement être parfaite. Car, premièrement, à cause qu'il n'y a point du tout de vide en ce nouveau monde, il a été impossible que toutes les parties de la matière se soient mues en ligne droite ; mais étant égales à peu près, et pouvant presque aussi facilement être détournées les unes que les autres, elles ont dû s'accorder toutes ensemble à quelques mouvements circulaires. Et toutefois, à cause que nous supposons que Dieu les a mues d'abord diversement, nous ne devons pas penser qu'elles se soient toutes accordées à tourner autour d'un seul centre, mais autour de plusieurs différents, et que nous pouvons imaginer diversement situés les uns à l'égard des autres.

La Renaissance

En suite de quoi, l'on peut conclure qu'elles ont dû naturellement être moins agitées, ou plus petites, ou l'un et l'autre ensemble, vers les lieux les plus proches de ces centres, que vers les plus éloignés. Car, ayant toute inclination à continuer leur mouvement en ligne droite, il est certain que ce sont les plus fortes, c'est-à-dire les plus grosses entre celles qui étaient également agitées, et les plus agitées entre celles qui étaient également grosses, qui ont dû décrire les plus grands cercles, comme étant les plus approchants de la ligne droite. Et pour la matière contenue entre trois ou plusieurs de ces cercles, elle a pu d'abord se trouver beaucoup moins divisée et moins agitée que toute l'autre.
(*Le Monde*, éd. Adam Tannery, vol. XI, 49-50)

> Après l'apparition de la lunette, au tout début du XVIIe siècle, la théorie et les techniques optiques progressent rapidement : deux domaines où Descartes tient une place importante. À l'opposé de ses contemporains, il juge supérieur à celui de la lunette l'intérêt du microscope, dont la fabrication est un peu plus tardive. Les premières observations microscopiques ne seront publiées que vers 1655, cinq ans après sa mort.

Ce qui n'empêchera pas que toutes les parties deviennent presque égales.

Mais cela n'empêche pas que, par après, elles ne se soient rendues presque toutes assez égales, principalement celles qui sont demeurées à pareille distance des centres autour desquels elles tournoyaient. […] Tout de même, pour leurs figures, encore que nous supposions qu'il y en ait eu, au commencement, de toutes sortes, et qu'elles aient eu pour la plupart plusieurs angles et plusieurs côtés, ainsi que les pièces qui s'éclatent d'une pierre quand on la rompt, il est certain que, par après, en se remuant et se heurtant les unes contre les autres, elles ont dû rompre peu à peu les petites pointes de leurs angles, et émousser les carrés de leurs côtés jusques à ce qu'elles se soient rendues à peu près toutes rondes, ainsi que sont les grains de sable et les cailloux lorsqu'ils roulent avec l'eau d'une rivière. [...] Seulement en faut-il excepter quelques-unes qui, ayant été dès le commencement beaucoup plus grosses que les autres, n'ont pu si facilement se diviser, ou qui, ayant eu des figures fort irrégulières et empêchantes, se sont plutôt jointes plusieurs ensemble que de se rompre pour s'arrondir; et ainsi elles ont retenu la forme du troisième élément, et ont servi à composer les planètes et les comètes.

De plus, il est besoin de remarquer que la matière qui est sortie d'autour des parties du second élément, à mesure qu'elles ont rompu et émoussé les petites pointes de leurs angles pour s'arrondir, a dû nécessairement acquérir un mouvement beaucoup plus vite que le leur, et ensemble une facilité à se diviser et à changer à tous moments de figure, pour s'accommoder à celle des lieux où elle se trouvait; et ainsi qu'elle a pris la forme du premier élément. [...] Il est aussi besoin de remarquer que ce qui se trouve de ce premier élément, de plus qu'il n'en faut pour remplir les petits intervalles que les parties du second, qui sont rondes, laissent nécessairement autour d'elles, se doit retirer vers les centres autour desquels elles tournent, à cause qu'elles occupent tous les autres lieux plus éloignés; et que là il doit composer des corps ronds, parfaitement liquides et subtils, lesquels, tournant sans cesse beaucoup plus vite, et en même sens que les parties du second élément qui les environne, ont la force d'augmenter l'agitation de celles dont ils sont les plus proches, et même de les pousser toutes de tous côtés, en tirant du centre vers la circonférence, ainsi qu'elles se poussent aussi les unes les autres; [...] Car je vous avertis ici par avance que c'est cette action que nous prendrons pour la lumière; comme aussi que nous prendrons ces corps ronds, composés de la matière du premier élément toute pure, l'un pour le soleil, et les autres pour les étoiles fixes du nouveau monde que je vous décris; et la matière du second élément, qui tourne autour d'eux, pour les cieux. (*Idem*, 50-52)

6. La science classique

Un fait essentiel caractérise l'astronomie à l'âge classique (à partir de la fin du XVIIe siècle) : la constitution et le développement de la mécanique céleste analytique. Une dénomination qui indique combien le développement de cette branche de l'astronomie est indissociable de celui de l'analyse mathématique. La conséquence la plus immédiate sera la victoire des conceptions newtoniennes sur le système cartésien. Que le système des deux corps soit traité analytiquement, et aussitôt les tourbillons de matière subtile de Descartes, inaccessibles au calcul, s'évanouissent aux yeux des astronomes. En Angleterre même, la physique de Newton ne s'est diffusée que lentement. Les brèves leçons de Newton à Cambridge étaient peu suivies, parce que trop ardues. En France, les cartésiens refusaient farouchement la physique de Newton : la notion d'attraction qu'elle implique leur semblait moins claire que celle des tourbillons de Descartes et leur rappelait fâcheusement les qualités occultes de la physique scolastique. Il faudra attendre le débat sur la figure de la terre, et la victoire des rares partisans de l'aplatissement, pour que triomphent les idées de Newton. En effet, la forme sphérique n'étant pas une solution au problème de l'équilibre relatif d'une masse homogène en rotation uniforme, Newton avait été amené à supposer que la terre devait avoir la forme d'un ellipsoïde de révolution. Certains s'offusquèrent pour des raisons purement idéologiques qu'on osât supposer que la terre ne fût pas une sphère parfaite. D'autres avaient déjà postulé qu'elle avait la forme d'un ellipsoïde allongé. Aussi les astronomes décidèrent-ils l'étude directe de la courbure du méridien à partir de la mesure de la distance linéaire qui sépare deux lieux sur un même méridien et de la mesure de

La science classique

leur différence angulaire de latitude. Si la terre est sphérique la courbure des arcs mesurés ici et là sera identique, sinon cette courbure variera : la longueur du degré, c'est-à-dire de l'arc dont les latitudes extrêmes varient d'un degré, est d'autant plus grande que la courbure est plus faible, donc que la région considérée est plus aplatie. Des expéditions au Pérou (1735) et en Laponie (1736) tranchèrent le débat : la terre a bien la forme d'un ellipsoïde aplati. Pourtant la mécanique de Newton, qui donne enfin les moyens d'une cosmogonie scientifiquement raisonnable, va, dans un premier temps, et paradoxalement, saper les désirs des cosmogonistes. Tout se passe comme si, ayant refusé les tourbillons qui structurent le monde de Descartes, Newton se trouvait arrêté net devant la constitution éminemment giratoire du système solaire : la gravitation ne peut pas mettre le monde en branle et encore moins justifier, aux yeux de Newton lui-même, l'ordre des orbites et les lois qui les lient ; cet admirable arrangement ne peut être que l'œuvre d'un Être tout-puissant et suprêmement intelligent. Cette réserve manifeste de plus le refus systématique de toute hypothèse que l'expérience n'exige pas : on doit tirer les propositions des phénomènes et ensuite les généraliser par induction. C'est ainsi que les lois du mouvement et celles de la gravité ont été découvertes. Il suffit que la gravité existe et qu'elle agisse selon certaines lois, il suffit que ces lois rendent compte de tous les mouvements des corps célestes alors connus. N'en demandons pas plus, interdisons-nous toute recherche sur la naissance du monde et même sur son ordre. Il faudra attendre la deuxième moitié du XVIIIe siècle pour que reprennent les spéculations sur le Tout et sur son origine.

PHILOSOPHIÆ
NATURALIS

Isaac Newton

Le manuscrit de Newton intitulé *Philosophiae naturalis principia mathematica* fut présenté à la séance du 28 avril 1686 de la Société royale ; il fut décidé de l'éditer aux frais de la Société. Le livre sortit des presses en juillet 1687. Dès 1666, Newton avait commencé à élaborer les principes de la mécanique : l'épisode de la pomme se situe à cette époque. L'anecdote, bien que racontée par Newton lui-même, est souvent tenue pour légendaire par les pédagogues qui préférèrent n'en point parler. Elle est pourtant exemplaire, non qu'il suffise en ce sens de rêver au clair de lune sous un pommier pour découvrir la gravitation universelle, mais parce qu'elle nous révèle le noyau irréductible, étonnant dans sa simplicité, de cette découverte : se poser une question aussi élémentaire que "pourquoi la lune ne tombe-t-elle pas sur la terre comme une pomme ?" Et entrevoir la réponse paradoxale et géniale : à chaque instant la lune tombe vers la terre et l'orbite de notre satellite n'est que le compromis entre cette chute permanente et la tendance à filer tout droit dans l'univers, comme le fait une pierre qu'une fronde libère brutalement. Mettre ceci en forme est une autre affaire, et qui prendra vingt ans à Newton, mais il est clair que d'emblée il se pose la question fondamentale : la chute des corps, dont Galilée nous a donné les lois, et la révolution de la lune autour de la terre, selon les règles empiriques de Kepler, obéissent-elles à une même loi physique ? Au début des *Principia*, Newton donne une série de définitions, et d'abord la force d'inertie.

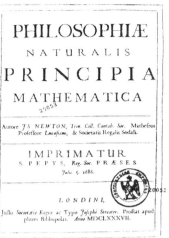

Ayant reçu l'imprimatur en 1686, les *Principia mathematica* ont été publiés en 1687. Deux autres éditions, toujours en latin, verront le jour, en 1713 et en 1726. Ils ne seront traduits en français qu'en 1756, par la marquise du Châtelet, augmentée de commentaires du mathématicien Clairaut.

La science classique

Troisième définition : La force qui réside dans la matière (*vis insita*) est le pouvoir qu'elle a de résister. C'est par cette force que tout corps persévère de lui-même dans son état actuel de repos ou de mouvement uniforme en ligne droite. Cette force est toujours proportionnelle à la quantité de matière des corps, et elle ne diffère de ce qu'on appelle l'inertie de la matière que par la manière de la concevoir, car l'inertie est ce qui fait qu'on ne peut changer sans effort l'état actuel d'un corps, soit qu'il se meuve soit qu'il soit en repos ; ainsi on peut donner à la force qui réside dans les corps le nom très expressif d'inertie. Le corps exerce cette force toutes les fois qu'il s'agit de changer son état actuel, et on peut la considérer alors sous deux différents aspects, ou comme résistante, ou comme impulsive. Comme résistante, en tant que le corps s'oppose à la force qui tend à lui faire changer d'état, comme impulsive, en tant que le même corps fait effort pour changer l'état de l'obstacle qui lui résiste. On attribue communément la résistance aux corps en repos et la force impulsive à ceux qui se meuvent, mais le mouvement et le repos, tels qu'on les conçoit communément, ne sont que respectifs, car les corps qu'on croit en repos ne sont pas toujours dans un repos absolu.
(*Principia mathematica*, éd. A. Koyré et B. Cohen, I, 40)

La découverte de la gravitation universelle suffirait à placer Newton au premier rang des savants de tous les temps. Mais on lui doit également des travaux d'optique (sur la lumière et la construction des télescopes à miroir) ; de mathématiques (théorie des "fluxions" sur la manipulation des infiniment petits) ; de chimie (où il semble rechercher la cause de l'attraction universelle)... sans parler de ses préoccupations théologiques.

Puis vient la définition qui exprime le fond même de la nouvelle physique.

> Quatrième définition : La force imprimée (*vis impressa*) est l'action par laquelle l'état du corps est changé, que cet état soit le repos, ou le mouvement uniforme en ligne droite. Cette force consiste uniquement dans l'action, et elle ne subsiste plus dans le corps dès que l'action vient à cesser. Mais le corps persévère par sa seule force d'inertie dans le nouvel état dans lequel il se trouve. La force imprimée peut avoir diverses origines, elle peut être produite par le choc, par la pression et par la force centripète. (*Idem*, I, 41)

Et enfin la force centripète, comme cas particulier d'une force imprimée.

> Cinquième définition : La force centripète est celle qui fait tendre les corps vers quelque point, comme vers un centre, qu'ils soient tirés ou poussés vers ce point, ou qu'ils y tendent d'une façon quelconque. La gravité qui fait tendre tous les corps vers le centre de la terre, la force magnétique qui fait tendre le fer vers l'aimant, et la force, quelle qu'elle soit, qui retire à tout moment les planètes du mouvement rectiligne, et qui les fait circuler dans des courbes sont des forces de ce genre. (*Idem*, I, 41-42)

Newton reprend, dans un esprit totalement nouveau, l'exemple traditionnel de la fronde.

> La pierre, qu'on fait tourner par le moyen d'une fronde, agit sur la main, en tendant la fronde, par un effort qui est d'autant plus grand qu'on la fait tourner plus vite, et elle s'échappe aussitôt qu'on ne la retient plus. La force exercée par la main pour retenir la pierre, laquelle est égale et contraire à la force par laquelle la pierre tend la fronde, étant donc toujours dirigée vers la main, centre du cercle décrit, est celle que j'appelle force centripète.
> Il en est de même de tous les corps qui se meuvent en rond, ils font tous effort pour s'éloigner du centre de leur révolution, et sans le secours de quelque force qui s'oppose à cet effort et qui les

La science classique

retient dans leurs orbes, c'est-à-dire de quelque force centripète, ils s'en iraient en ligne droite d'un mouvement uniforme.

Un projectile ne retomberait point vers la terre, s'il n'était point animé par la force de la gravité, mais il s'en irait en ligne droite dans les cieux avec un mouvement uniforme, si la résistance de l'air était nulle.

C'est donc par sa gravité qu'il est retiré de la ligne droite et qu'il s'infléchit sans cesse vers la terre, et il s'infléchit plus ou moins selon sa gravité et la vitesse de son mouvement. Moins la gravité du projectile sera grande par rapport à sa quantité de matière, plus il aura de vitesse, moins il s'éloignera de la ligne droite, et plus il ira loin avant de retomber sur la terre. (*Principia mathematica,* éd. A. Koyré et B. Cohen, I, 42)

L'objectif d'une lunette se comporte comme un prisme : il décompose la lumière blanche en lumières colorées. Les images de différentes couleurs ne se forment pas au même endroit et il s'ensuit une image qui manque de netteté. Dans son *Optique*, Newton croit démontrer que cette aberration chromatique est impossible à corriger : la seule solution est le télescope à miroir (la réflexion ne présentant pas le chromatisme de la réfraction) ; en 1672, il présente le premier télescope à la Royal Society.

Newton donne deux exemples, l'un terrestre, l'autre céleste unifiant ainsi deux domaines de la physique jusqu'alors disjoints.

Ainsi, si un boulet de canon était tiré horizontalement du haut d'une montagne, avec une vitesse capable de lui faire parcourir deux lieues avant de retomber sur la terre, avec une vitesse double, il n'y retomberait qu'après avoir parcouru à peu près quatre lieues, et avec une vitesse décuple, il irait dix fois plus loin (pourvu qu'on ait point d'égard à la résistance de l'air), et en augmentant la vitesse de ce corps, on augmenterait à volonté le chemin qu'il

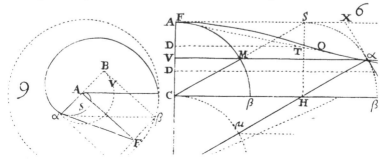

parcourrait avant de retomber sur terre, et on diminuerait la courbure de la ligne qu'il décrirait, en sorte qu'il pourrait ne retomber sur la terre qu'à la distance de 30, de 60 ou de 90 degrés, ou qu'enfin il pourrait circuler autour, sans y retomber jamais, et même s'en aller en ligne droite à l'infini dans le ciel.

Or, par la même raison qu'un projectile pourrait tourner autour de la terre par la force de la gravité, il se peut faire que la lune par la force de sa gravité (supposé qu'elle gravite) ou par quelque autre force qui la porte vers la terre, soit détournée à tout moment de la ligne droite pour s'approcher de la terre, et qu'elle soit contrainte à circuler dans une courbe, et sans une telle force, la lune ne pourrait être retenue dans son orbite. Si cette force était moindre qu'il ne convient, elle ne retirerait pas assez la lune de la ligne droite, et si elle était plus grande, elle l'en retirerait trop, et elle la tirerait de son orbe vers la terre. La quantité de cette force doit donc être donnée, et c'est aux mathématiciens à trouver la force centripète nécessaire pour faire circuler un corps dans une orbite donné, et à déterminer réciproquement la courbe dans laquelle un corps doit circuler par une force centripète donnée, en partant d'un lieu quelconque donné, avec une vitesse donnée. (*Idem*, I, 42-43)

Il précise les liens entre force et accélération.

Septième définition : La quantité accélératrice de la force centripète est proportionnelle à la vitesse qu'elle produit dans un temps donné. La force magnétique du même aimant est plus grande à une moindre distance qu'à une plus grande. La force de la gravité est plus grande dans les plaines et moindre sur le sommet des hautes montagnes, et doit être encore moindre (comme on le prouvera dans la suite) à de plus grandes distances de la terre, et à des distances égales, elle est la même de tous côtés, c'est pourquoi elle accélère également tous les

La science classique

corps qui tombent, soit qu'ils soient légers ou pesants, grands ou petits, abstraction faite de la résistance de l'air.

Huitième définition : La quantité motrice de la force centripète est proportionnelle au mouvement qu'elle produit dans un temps donné. Le poids des corps est d'autant plus grand qu'ils ont plus de masse, et le même corps pèse plus près de la surface de la terre que s'il était transporté dans le ciel. La quantité motrice de la force centripète est la force totale avec laquelle le corps tend vers le centre, et proprement son poids ; et on peut toujours la connaître en connaissant la force contraire et égale qui peut empêcher le corps de descendre.
(*Principia mathematica*, éd. A. Koyré et B. Cohen, I, 44-45)

Après les définitions, Newton énonce les trois lois qui seront les bases de la mécanique classique.

1° Tout corps persévère dans l'état de repos ou de mouvement uniforme en ligne droite dans lequel il se trouve, à moins que quelque force n'agisse sur lui et ne le contraigne à changer d'état. […] 2° Les changements qui arrivent dans le mouvement sont proportionnels à la force motrice et se font dans la ligne droite dans laquelle cette force a été imprimée. […] 3° L'action est toujours égale et opposée à la réaction ; c'est-à-dire que les actions de deux corps l'un sur l'autre sont toujours égales et dans des directions contraires. (*Idem*, I, 54-56)

Dans le grand scolie qui clôt les *Principes*, Newton, après avoir critiqué les tourbillons cartésiens, marque les limites de sa théorie, non seulement la gravitation universelle ne peut

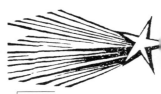

Une fois admise la nature céleste des comètes, il restait à déterminer leur trajectoire. La plupart des astronomes, Newton y compris, la croyaient rectiligne, mais une comète, apparue le 14 novembre 1680, disparaît rapidement tandis qu'une "nouvelle comète" apparaît le 22 décembre de cette même année. G. S. Doerfell, pasteur de Plauen en Saxe, est le premier à affirmer qu'il s'agit d'un seul et même astre et que son orbite est une parabole dont le soleil est le foyer. Newton abandonne alors l'idée des trajectoires rectilignes, mais c'est en 1682, avec l'apparition de la comète de Halley que les comètes prennent place dans le cortège des astres qui décrivent des ellipses autour du soleil.

Isaac Newton

rendre compte de l'ordre du monde mais elle n'en garantit pas la stabilité, de plus la gravitation reste un mystère.

Cet admirable arrangement du soleil, des planètes et des comètes, ne peut être que l'ouvrage d'un être tout-puissant et intelligent. Et si chaque étoile fixe est le centre d'un système semblable au nôtre, il est certain que, tout portant l'empreinte d'un même dessein, tout doit être soumis à un seul et même Être, car la lumière que le soleil et les étoiles fixes se renvoient mutuellement est de même nature. De plus on voit que celui qui a arrangé cet univers a mis les étoiles fixes à une distance immense les unes des autres, de peur que ces globes ne tombassent les uns sur les autres par la force de la gravité.

Cet Être infini gouverne tout, non comme l'âme du monde, mais comme le Seigneur de toutes choses. Et, à cause de cet empire, le Seigneur-Dieu s'appelle le Seigneur universel. Car Dieu est un mot relatif et qui se rapporte à des serviteurs, et l'on doit entendre par divinité la puissance suprême non pas seulement sur des êtres matériels, comme le pensent ceux qui font Dieu uniquement l'âme du monde, mais sur des êtres pensants qui Lui sont soumis. [...] Dieu est un Dieu vivant, intelligent et puissant ; Il est au-dessus de tout, et entièrement parfait. Il est éternel et infini, tout puissant et omniscient, c'est-à-dire qu'Il dure depuis l'éternité passée et dans l'éternité à venir, et qu'Il est

La science classique

présent partout dans l'espace infini : Il régit tout et Il connaît tout ce qui est et tout ce qui peut être. Il n'est pas l'éternité ni l'infinité, mais Il est éternel et infini ; Il n'est pas la durée ni l'espace, mais Il dure et Il est présent ; Il dure toujours et Il est présent partout ; Il est existant toujours et en tout lieu, Il constitue l'espace et la durée. [...]

Car de même qu'un aveugle n'a pas d'idées des couleurs, ainsi nous n'avons point d'idées de la manière dont l'Être suprême sent et connaît toutes choses. Il n'a point de corps ni de forme corporelle, ainsi Il ne peut être ni vu, ni touché, ni entendu, et on ne doit L'adorer sous aucune forme sensible. [...]

Nous Le connaissons seulement par ses propriétés et ses attributs, par la structure très sage et très excellente des choses, et par leurs causes finales ; nous L'admirons à cause de ses perfections ; nous Le révérons et nous L'adorons à cause de son empire ; nous L'adorons comme soumis, car un Dieu sans providence, sans empire et sans causes finales, n'est autre chose que le destin et la nature ; la nécessité métaphysique, qui est toujours et partout la même, ne peut produire aucune diversité ; la diversité qui règne en tout, quant au temps et aux lieux, ne peut venir que de la volonté et de la sagesse d'un Être qui existe nécessairement. [...]

J'ai expliqué jusqu'ici les phénomène célestes et ceux de la mer par la force de la gravitation, mais je n'ai assigné nulle part la cause de cette gravitation. Cette force vient de quelque cause qui pénètre jusqu'au centre du soleil et des planètes, sans rien perdre de son

> Newton étant le co-inventeur, avec Leibniz, du calcul différentiel, on pourrait en inférer que les démonstrations des *Principia* sont de nature analytique ; il n'en est rien, elles sont strictement géométriques. Pour démontrer, par exemple, l'orbite elliptique de la lune, il construit les vecteurs des mouvements de "fuite" et "chute", et déduit le vecteur résultant de la construction d'un parallélogramme.

activité ; elle n'agit point selon la grandeur des superficies, comme les causes mécaniques, mais selon la quantité de la matière, et son action s'étend de toutes parts à des distances immenses, en décroissant toujours dans la raison doublée des distances. […]

Je n'ai pu encore parvenir à déduire des phénomènes la raison de ces propriétés de la gravité, et je n'imagine point d'hypothèses. Car tout ce qui ne se déduit point des phénomènes est une hypothèse, et les hypothèses, soit métaphysiques, soit physiques, soit mécaniques, soit celles des qualités occultes, ne doivent pas être reçues dans la philosophie expérimentale. Dans cette philosophie, on tire les propositions des phénomènes, et on les rend ensuite générales par induction. C'est ainsi que l'impénétrabilité, la mobilité, la force des corps, les lois du mouvement, et celles de la gravité ont été connues. Et il suffit que la gravité existe, qu'elle agisse selon les lois que nous avons exposées, et qu'elle puisse expliquer tous les mouvements des corps célestes et ceux de la mer.
(*Principia mathematica,* éd. A. Koyré et B. Cohen, II, 760-765)

Thomas Wright

Un défaut d'élocution l'ayant obligé à interrompre ses études, Thomas Wright se retrouve apprenti horloger à l'âge de treize ans, alors qu'il avait déjà la passion de l'astronomie : une passion si dévorante que son père avait jugé bon de brûler tous ses livres d'astronomie. En réalité, toute sa vie, Wright sera plus préoccupé de cosmologie que d'astronomie au sens strict. Il s'agit pour lui de percer le plan de la création divine et de réconcilier la science et la religion. Pour lui, si le télescope peut nous révéler la structure du ciel étoilé qui nous entoure et déterminer notre localisation dans ce ciel, seule la religion peut nous donner une véritable vision de la Création dans sa totalité. Il cherche alors à mettre en accord ce que révèle l'observation télescopique et une structure *a priori* trinitaire du monde divin : sous une forme simplifiée, le monde doit comporter une région centrale, séjour de Dieu et des anges ; une vaste sphère, entourant le siège central de Dieu, séjour des mortels peuplé du soleil et d'un nombre incommensurable d'étoiles ; une zone

La science classique

extérieure de ténèbres, séjour des damnés. Il n'en reste pas moins que *An Original Theory or New Hypothesis of the Universe* est un ouvrage important qui influencera Kant, Herschel et probablement Laplace. Cet ouvrage est composé de neuf lettres, et c'est dans la cinquième que Wright présente – il est le premier à le faire – la Voie lactée comme une vue par la tranche d'un disque plat d'étoiles dans lequel notre système solaire est plongé. L'observation de la Voie lactée sert de point de départ de la réflexion cosmologique de Wright

> Ce cercle lumineux a souvent occupé mes pensées et récemment a absorbé toutes mes heures de loisir ; et j'ai maintenant de grands espoirs, car j'ai non seulement enfin découvert la cause réelle de ce cercle lumineux, mais aussi, par la même hypothèse que celle qui résout cette apparence, je serai capable d'exposer une théorie beaucoup plus rationnelle de la Création que celles qui ont été jusqu'ici avancées, et, en même temps, vous donner une idée de l'univers, ou système infini des choses. […] La principale partie de la Voie lactée passe à travers l'Aigle, le Cygne, Cassiopée, Persée et l'Aurige, puis continue sa course par la tête de la Licorne, le long du Grand Chien, à travers le Navire, et au-dessus des pieds du Centaure jusqu'à ce que, ayant passé l'Autel, la queue du

Dans ses *Secondes Pensées*, qui ne seront pas publiées de son vivant, Wright présente un univers plus complexe que celui de sa *Théorie* originale, où une infinité de coquilles solides entourent le centre divin de la Création, notre ciel n'étant que l'une de ces coquilles qui, vue de l'extérieur, se présente comme une vaste extension du soleil.

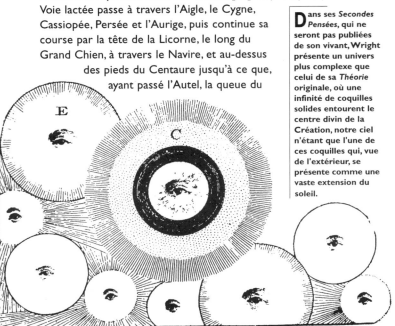

Thomas Wright

Scorpion et l'arc du Verseau, elle finisse enfin où elle avait commencé. (Thomas Wright, *Théorie originale ou Nouvelle Hypothèse de l'univers*, lettre 5)

Parmi les Anciens, seul Démocrite a compris la vraie nature le la Voie lactée.

Mais Démocrite, il y a longtemps, croyait qu'elle était faite d'un nombre infini de petites étoiles, telle qu'elle a été découverte ces dernières années, d'abord par Galilée, puis par Kepler, et maintenant confirmée par tous les astronomes modernes qui ont eu depuis l'opportunité de l'observer grâce à un bon télescope. (*Idem*, lettre 5)

Une nature que l'on peut découvrir autant par la raison que par la lunette.

Mais pour déduire, de leur seule apparence, qu'elles sont des étoiles, sans considérer leur nature et leur distance, et que rien, si ce n'est des étoiles, puisse réellement produire un tel effet, c'est peut-être trop assumer quand nous n'avons rien d'autre que le crédit que nous portons à nos verres de Hollande pour supporter nos conjectures ; et bien que cela puisse être suffisant pour n'importe quel mathématicien, cependant, pour votre plus grande satisfaction, j'ai pensé approprié de présenter deux ou trois arguments plus probants pour confirmer ces importantes découvertes. Démocrite, comme je l'ai dit plus haut, la croyait faite d'étoiles, longtemps avant que l'astronomie ait tiré le moindre profit d'une amélioration de la science optique, et voyait, pour ainsi dire, par l'œil de la Raison, tout aussi loin dans l'infini comme le plus capable des astronomes dans les époques plus avantagées qu'il y a eu depuis, même assisté des meilleures lentilles. [...] La lumière qui s'écoule naturellement de cette foule de corps rayonnant est brumeuse et brouillée, surtout à cause de l'agitation de notre atmosphère et à cause d'une union de leur rayons lumineux qui, par une trop grande proximité de leurs faisceaux, apparaissent dans leur ensemble comme une rivière de lait, mais de nature transparente, courant tout autour des régions étoilées. [...] On trouve aussi dans les cieux bien d'autres espaces

La science classique

lumineux de même nature dont nous savons qu'il s'agit d'étoiles ; en particulier, les nébuleuses, ou étoiles nuageuses, dans la constellation de la Crèche qui en compte 36 ; une étoile nuageuse dans Orion formée de 21 ; un nœud nuageux pas très loin de la précédente dans le même astérisme, formé de 80 ; dans un degré de la même constellation, 500 étoiles et dans l'ensemble de la Constellation, au-dessus de 2000. Tout cela apporte un grande confirmation à la vérité de notre affirmation, c'est-à-dire que cette zone de lumière provient d'un nombre infini de petites étoiles. [...] Grâce à de très bons télescopes on a découvert en beaucoup de régions de cet espace lumineux et même en dehors de lui, plusieurs milliers d'étoiles à la surface d'un seul degré carré, en particulier près de l'épée de Persée et dans les constellations du Taureau et d'Orion. [...] Maintenant en admettant que la largeur de la Voie lactée ne soit en moyenne que de 9°, et en supposant qu'il n'y ait que 1 200 étoiles dans chaque degré carré, il y aura dans la totalité de la surface orbiculaire environ 3 888 000 étoiles, et toutes ces étoiles dans une très petite portion de l'immense étendue des cieux. (Thomas Wright, *Théorie originale ou Nouvelle Hypothèse de l'univers*, lettre 5)

Ainsi l'apparence de la Voie lactée est due au fait que nous sommes situés à l'intérieur d'une grande roue plate peuplée d'une multitude d'étoiles, de plus le diamètre de cette roue est immense.

Je voudrais maintenant vous aider à concevoir la distance indéfinie entre les étoiles pour vous donner une certaine notion de l'immensité de l'espace. Mais comme il s'agira d'une tâche principalement conjecturale, je désire que vous me croyez aussi longtemps que votre raison vous y porte et qu'elle est soutenue par une probabilité évidente. Peut-être sera-t-il nécessaire de vous rappeler ici que toutes les étoiles sont jusqu'à présent apparemment de magnitude tellement différente qu'on n'en trouve pas deux dans le ciel tout entier exactement les mêmes soit en grandeur, soit en brillance. Les plus grandes nous avons des raisons de croire qu'elles sont les plus proches de nous ; celles qui les suivent en grandeur et brillance sont plus éloignées, et ainsi de suite jusqu'aux plus petites

Thomas Wright

que nous puissions voir dont nous estimons qu'elles sont les plus éloignées de toutes. [...] Or, par le retour certain des comètes, que nous trouvons toutes gouvernées par les lois de ce système, et qui sont supposées être à l'abri des perturbations causées par les autres comètes, nous ne pouvons pas éviter de conclure si nous les considérons pour cette question, que les plus proches étoiles ne peuvent être moins distantes que de deux fois le rayon du grand orbe appartenant au soleil. La plupart des mathématiciens pensent que cette distance est trop petite étant donné qu'elle fait nécessairement que tous les systèmes sont joints comme s'ils étaient en contact. Et je pense que nous pouvons ajouter en toute sécurité pour séparer leurs sphères d'attraction, encore au moins la moitié de cette distance, ce qui fera au total environ 420 demi-orbites du soleil ou 33 600 000 000 de miles. (*Idem*, lettre 5)

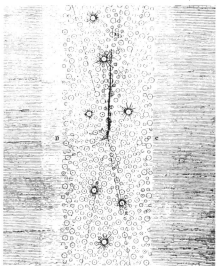

> Si Wright déduit correctement des apparences de la Voie lactée que nous sommes plongés dans une immense roue plate d'étoiles, il se trompe lourdement sur notre position à l'intérieur de cette roue, notre soleil n'en occupe par le centre : il est en réalité aux marges du système stellaire qui nous abrite.

Une distance que certains astronomes jugeaient, déjà au XVIIe siècle, trop petite. Huygens, par exemple, l'estimait 65 fois plus grande, Wright propose donc un compromis.

Pour éviter les extrêmes, permettez-moi, si vous le voulez d'utiliser un moyen terme entre les deux nombre utilisés plus haut et ainsi nous pourrons estimer avoir obtenu une distance suffisamment exacte pour satisfaire à tous les besoins dans le présent cas, à savoir

La science classique

pour donner une idée tout à fait tolérable de l'étendue de la création visible qui est ce que je me propose d'établir directement ici. […]

Maintenant, étant donné que la distance du soleil à la terre est très petite par rapport à la distance des étoiles à nous, et par rapport à celle des étoiles entre elles, nous pouvons tout à fait considérer le soleil comme le centre de notre station ou position dans le système général ou dans la disposition générale de la nature. Et puisque les étoiles sont tout à fait visibles grâce à de bons télescopes jusqu'à la 9e ou 10e magnitude, si nous multiplions la distance primaire de Sirius ou de n'importe quelle autre étoile de sa classe par ce nombre des espaces intermédiaires communs, le produit sera égal au rayon de la Création visible pour un observateur placé sur le soleil et cette distance, par cette règle, on la trouvera être environ 6 000 000 000 000 de miles en prenant une étoile de 6e magnitude et pour une étoile de la 9e magnitude, 9 000 000 000 000 de miles. […] Ce qui précède sera suffisant pour ce que nous nous proposons présentement, c'est-à-dire de montrer sans exagération l'espace qui nous est réellement accessible. […] Quel spectacle extraordinaire cela déploie-t-il devant nos yeux ? quelle inconcevable immensité et magnificence de puissance une telle disposition du monde révèle-t-elle ? des soleils s'entassant sur d'autres soleils, devant nos faibles sens, indéfiniment distants les uns des autres ; des myriades de myriades de séjours semblables au nôtre, peuplant l'infini, tous soumis à la même volonté du Créateur ; un univers de mondes tous recouverts de montagnes, de lacs, de mers, d'herbes, d'animaux, de rivières, de rochers, de cavernes, et d'arbres ; et tous le produit d'une sagesse bienveillante pour partager l'infinité avec des êtres infinis auxquels sa toute-puissance pourrait donner une vie éternelle pleine de variété !

La distance stupéfiante des séjours étoilés a été manifestement conçue pour répondre à quelque sage propos, une conséquence de cela c'est que cette distance n'est probablement pas sans utilité : à toute planète du même système la même apparence du ciel se fait voir sans le moindre changement ; et comme les régions les plus éloignées sur la terre voient la même lune et les mêmes planètes, de même aussi, les habitants des planètes les plus distantes dans notre système ou dans n'importe quel autre voient les mêmes formes et dispositions des étoiles en commun avec le reste du monde, puisque

Emmanuel Kant

la sphère tout entière du ciel est commune et inchangeable en dépit de toutes leurs révolutions variées. (Thomas Wright, *Théorie originale ou Nouvelle Hypothèse de l'univers*, lettre 5)

Emmanuel Kant

En 1740, Kant entre à l'université de Könisberg pour y suivre les cours de philosophie, de mathématique, de physique et de théologie. À cette époque l'université de Könisberg est le carrefour de toutes les controverses philosophico-scientifiques. Les sectateurs de Leibniz les plus dogmatiques, sous l'autorité de Christian Wolff, affrontent ceux de Newton, dont le maître de Kant, Martin Knutzen, fait partie. Grâce à lui, Kant lira les œuvres de Newton et sera initié à ce grand débat qui secoue le monde germanique et le monde anglo-saxon sur la conciliation des conceptions religieuses traditionnelles et des nouvelles conceptions scientifiques de l'univers, alors que les philosophes français s'ingénient à séparer ces deux traditions. Si Kant rejoint le camp des newtoniens, il ne partage pas le pessimisme de Newton ; pour Kant la gravitation universelle est garante de la structure du monde et permet même de remonter à son origine. Dans son *Allgemeine Naturgeschichte und Theorie des Himmels (Histoire générale de la nature et théorie du ciel)*, publié en 1755, il donne une cosmologie et une cosmogonie. Il prend toute la matière du monde et en forme un chaos parfait ; puis il la voit, sans l'aide de fictions arbitraires, s'organiser d'après les lois établies de l'attraction. Un monde en naît, bien ordonné, et il paraît si semblable au système du monde que nous observons que le philosophe ne peut

> La *Théorie générale de la nature* (1755) a été publiée non seulement avant *La Critique de la raison pure* (1781), mais avant que Kant ne se pose la question du "problème critique" : une interrogation qu'inaugurent, en 1769, une réflexion sur l'espace (*Du premier fondement de la différence des régions de l'espace*) et surtout la *Dissertation* de 1770, *De la forme et des principes du monde sensible et du monde intelligible*. C'est dire, qu'à écouter Kant lui-même, cet ouvrage aurait dû être sinon détruit du moins oublié.

La science classique

s'empêcher de le tenir pour identique. On reconnaît là la démarche de Descartes, que Kant a lu, enrichie des lois de l'attraction universelle, puisqu'il est newtonien. Découvrir les lois systématiques qui relient les mondes créés dans l'étendue de l'espace infini, et déduire de l'état primitif de la nature, par les seules lois de la mécanique, la formation des corps célestes et l'origine de leurs mouvements : une telle entreprise semble dépasser de beaucoup les forces de la raison humaine. Aussi Kant doit-il se justifier d'aborder un sujet de nature à rebuter par ses difficultés propres et à froisser le sentiment religieux.

> La *Théorie générale de la nature*, qui n'a pas eu le retentissement qu'elle méritait, a de plus été très vite reléguée dans l'oubli par la gloire qui entoura les écrits critiques : il semble certain, par exemple, que Laplace qui, quarante ans plus tard, développera une cosmogonie proche de celle de Kant, n'a pas eu connaissance de celle-ci.

Je reconnais toute la valeur des preuves que l'on déduit des beautés et de l'ordre parfait de l'univers, pour établir l'existence d'un Créateur souverainement sage. […] Mais je prétends que les apologistes de la religion font un maladroit usage de ces preuves et éternisent ainsi la lutte avec les partisans du naturalisme, en leur offrant sans nécessité un côté faible. […] Si les lois générales de l'action de la matière sont toutes une conséquence des desseins du Très-Haut, elles ne peuvent apparemment pas avoir d'autre destination que de tendre à accomplir par elles-mêmes le plan que la divine Sagesse s'est proposé. S'il en était autrement, ne serait-on pas tenté de croire que la matière et ses lois générales sont indépendantes, et que la puissance souverainement sage, qui a su en faire un si glorieux usage, était grande sans doute, mais point infinie ; puissante sans doute, mais pourtant insuffisante par elle seule ?
(*Histoire générale*, trad. Wolf, 108-109)

Puis Kant va donner l'exemple de l'action rafraîchissante de la brise de mer, attribuée à la Providence.

Le même bienfait est le partage de toutes les côtes des terres situées dans la zone torride. C'est à ces côtes

que la brise est le plus nécessaire, car elles sont les parties les plus basses des régions sèches et, par suite, elles supportent la plus vive chaleur. Les portions élevées de ces terres, où n'arrive pas cette brise de mer, en ont un moindre besoin, puisque leur élévation même les place dans un air plus froid. Tout cela n'est-il pas admirable ? n'y a-t-il pas là un but évident, atteint par un moyen habilement ménagé ? Mais voici que le naturalisme trouve les causes naturelles de ce phénomène dans les propriétés les plus générales de l'air, sans avoir besoin d'imaginer pour cela une intervention spéciale de la Providence. Il remarque avec raison que la brise de mer aurait les mêmes mouvements périodiques, quand même aucun homme n'habiterait ces îles, et que son existence est le résultat nécessaire des propriétés que l'air doit indispensablement posséder, indépendamment d'une fin spéciale, et simplement pour la croissance des plantes, à savoir son élasticité et sa pesanteur.
(*Idem*, 109-110)

Il suffit donc d'invoquer des lois générales qui ne nient en rien la sagesse divine.

L'air, l'eau, la chaleur, lorsqu'on les considère abandonnés à eux-mêmes, donnent naissance aux vents et aux nuages, aux pluies et aux fleuves qui arrosent les terres, et à tant d'autres effets bienfaisants, sans lesquels la nature resterait désolée, inculte et stérile. […] Pourtant, ils ne produisent point ces effets par un pur hasard, ou par un accident qui pourrait tout aussi bien les rendre nuisibles et dommageables ; nous voyons au contraire qu'ils sont astreints à des lois naturelles, qui ne leur permettent pas d'agir autrement qu'ils ne le font. Et alors que penser d'un si merveilleux accord dans leurs actions ? Comment se pourrait-il que des éléments de nature diverse tendissent par leur action combinée à produire des phénomènes si harmonieux et si utiles, au profit d'êtres placés complètement en dehors du cercle de la matière inerte, l'homme et les animaux, s'ils ne reconnaissaient pas une origine commune, une intelligence infinie dans laquelle a été esquissé le plan général des propriétés essentielles de toute chose ? Si les caractères des divers agents naturels étaient nécessaires en soi et indépendamment, quel étonnant hasard, ou

La science classique

plutôt quelle impossibilité n'y aurait-il pas à ce que leurs tendances naturelles se résument en un concert admirable, comme si un choix habile avait présidé à leur réunion ! (*Histoire générale*, trad. Wolf, 111)

Puis Kant manifeste la même assurance que Descartes dans son Monde.

Maintenant j'applique avec confiance ces principes à mon entreprise présente. Je suppose la matière de tout l'univers dans un état de décomposition générale, et j'en fais un véritable chaos. Je vois alors les éléments se façonner d'après les lois connues de l'attraction, et modifier leurs mouvements en raison de la répulsion. J'ai la satisfaction de voir surgir de ce chaos un tout bien ordonné, sous la seule action des lois connues du mouvement et sans l'aide d'aucune supposition arbitraire ; et ce tout est si semblable au système de l'univers que nous avons devant les yeux, que je ne puis m'empêcher de l'identifier avec lui. Ce développement inattendu de l'ordre de la nature m'est d'abord suspect, parce qu'il fait dériver un ensemble très compliqué et très régulier d'un état primitif où régnaient à la fois la simplicité et le désordre. Mais les considérations que j'ai fait valoir plus haut m'apprennent qu'un pareil développement de la nature n'a en soi rien d'extraordinaire ; qu'il est au contraire une conséquence nécessaire de sa tendance essentielle, et que c'est la démonstration la plus magistrale de sa dépendance d'un Être préexistant, qui a en Lui-même la source de tous les êtres et des lois primitives de leurs actions. (*Idem*, 111-112)

Ayant écarté les objections religieuses que l'on pouvait faire à son projet, il lui reste à répondre aux sceptiques.

S'il est vrai, dira-t-on, que Dieu a placé dans les forces de la nature un art caché, en vertu duquel elles ont pu tirer du chaos l'ordre parfait de l'univers ; comment l'intelligence de l'homme, si faible en face des sujets les plus ordinaires, sera-t-elle capable de sonder les mystérieuses propriétés qui ont concouru à un si vaste dessein ? Une aussi folle entreprise équivaut à dire : donnez-moi de la matière et je vous en ferai un monde. Est-ce que la faiblesse de tes lumières, presque toujours en défaut dans les moindres choses qui se

# Emmanuel Kant

présentent à tes sens, journellement et à ta portée, ne te démontre pas combien est vaine la tentative de vouloir découvrir l'incommensurable et ce qui se passa dans la nature avant que le monde fût? (*Idem*, 114-115)

Mais la recherche qu'il entreprend permet de remonter aux origines.

De même qu'entre tous les problèmes des sciences naturelles, aucun n'a été résolu avec plus de justesse et de certitude que celui de la véritable constitution de l'univers en général, des lois des mouvements et du mécanisme intime du cours des planètes; de même que dans la philosophie naturelle, il n'est rien de comparable aux vues que nous a ouvertes la philosophie de Newton; de même je prétends que, parmi toutes les choses de la nature dont on recherche la cause première, l'origine du système du monde et la formation des corps célestes avec les causes de leurs mouvements sont les premiers mystères au fond desquels notre vue doit pouvoir pénétrer. La raison en est facile à saisir. Les astres sont des masses rondes, par conséquent de la forme la plus simple que puisse prendre un corps dont on recherche l'origine. Leurs mouvements aussi sont sans complication; ils ne sont que la libre continuation d'une impulsion une fois donnée, qui devient circulaire par sa combinaison avec l'attraction du corps central. En outre, l'espace dans lequel ils se meuvent est vide; les intervalles qui les séparent les uns des autres sont immensément grands; tout est donc disposé le plus clairement pour éviter la confusion des mouvements et en rendre la détermination facile. […]

Pourrait-on se flatter du même espoir, s'il s'agissait de la moindre plante ou d'un insecte? Est-on en état de dire : donnez-moi de la matière, je vais vous montrer comment on peut faire une chenille; n'est-on pas arrêté ici dès le premier pas par l'ignorance des véritables propriétés intimes de l'objet et la complication des organes si variés qui le composent; il ne faut donc pas s'étonner si j'ose affirmer que le mode de formation des astres, la cause de leurs mouvements, bref, l'origine de la constitution présente de l'univers, pourront être mis en lumière bien avant que l'on puisse expliquer clairement et complètement, par des causes mécaniques, la naissance d'une seule plante ou d'une chenille. Tels sont les motifs sur lesquels j'appuie ma conviction que la partie physique de la science de l'univers atteindra dans l'avenir la même perfection à laquelle Newton en a élevé la partie mathématique. Après les lois qui régissent la constitution actuelle de l'univers, il n'en est peut-être pas d'autres, dans toute la science de la nature, qui se prêtent plus aisément à des développements mathématiques que celles qui ont présidé à sa naissance ; et je ne doute pas que la main d'un habile géomètre n'y trouve un champ fertile à défricher. (*Histoire générale*, trad. Wolf, 115-116)

Jean Henri Lambert

Publiées en 1761, six ans donc après l'*Allgemeine Naturgeschichte* de Kant, les *Cosmologische Briefe über die Einrichtung des Weltbaues (Lettres cosmologiques sur l'organisation de l'univers)* de Lambert ne s'attaquent pas à la naissance du monde mais, comme le titre l'indique, à sa structure. Dès 1770, J. B. Mérian, professeur à l'université de Bâle, en donne un résumé en français sous le titre *Le Système du monde de Monsieur Lambert*, et, en 1801, paraît une traduction française complète due à l'astronome toulousain Antoine Darquier. *Les Lettres cosmologiques* sont la dernière œuvre importante de cette première période de la science newtonienne où l'observation et l'analyse mathématique se conjuguent en vue d'établir les lois qui permettront à leur tour de déduire des conséquences observables, et ceci sans qu'il soit nécessaire de faire des hypothèses. Mais à ce "positivisme" s'ajoute l'emprise de Leibniz pour qui le monde est considéré comme un système de rapports entre moyens et fins. Quelques grands principes téléologiques guident donc la recherche de Lambert : une recherche truffée d'hypothèses invérifiables. Tout d'abord le principe de plénitude qui veut que l'univers soit peuplé du plus grand nombre possible d'objets ; celui d'harmonie, qui veut que ces objets se répartissent de telle sorte que les collisions soient impossibles ; la diversité

Jean Henri Lambert

des positions et des mouvements. D'où une dialectique assez subtile entre ces principes en partie contradictoires; ainsi, si les grands espaces vides sont impensables (Dieu ne fait rien en vain), en revanche les étoiles doivent être assez distantes les unes des autres pour ne pas, sous l'effet de la gravitation universelle, "tomber" les unes sur les autres.

Dans la dernière lettre, Lambert, résume l'organisation du monde en poupée gigogne auquel il est arrivé.

Voici donc la récapitulation de tous les points fondamentaux qui doivent passer par le creuset de votre jugement.

1° Les fixes ont-elles un mouvement dépendant des forces centrales?

Leur mouvement particulier est assez prouvé par les observations; mais on peut demander encore si ce mouvement est rectiligne, ou courbe et régulier.

2° L'univers entier est-il soumis aux lois de l'attraction newtonienne qui n'en fasse qu'un tout dépendant de la liaison de toutes ses parties?

Cette question dépend de savoir si l'univers n'est qu'un ouvrage informe, composé au hasard de pièces de rapport, ou si c'est un tout dont toutes les parties liées harmoniquement se correspondent relativement au temps, à l'espace et à la masse.

3° La Voie lactée doit-elle former un seul système particulier, et les fixes qui sont situées au dehors de ses limites forment-elles un pareil système?

On serait tenté de le croire, puisqu'on voit, dans d'autres parties du ciel, des nébuleuses séparées qui offrent la même apparence; à l'égard de la seconde partie de la question, elle suit de la première, puisque la Voie lactée paraît si bien tranchée par ses bords.

4° Le soleil a-t-il une orbite particulière?

> **L**'œuvre de Lambert est caractérisée par l'universalité de ses intérêts et l'originalité des questions qu'il a abordées. Outre son ouvrage le plus célèbre, les *Lettres cosmologiques*, on doit à Lambert *Les Propriétés remarquables de la route de la lumière par les airs*, livre paru en 1758, et *La Perspective affranchie de l'embarras du plan géométral*, en 1759. Et, en mathématique, il fut le premier à étudier les nombres irrationnels.

La science classique

Oui, de même que les autres fixes. [...]

6° Les vraies orbites des planètes et des comètes sont-elles elliptiques ?

Elles le seraient si le soleil était en repos, mais dans le fait ce ne sont que des cycloïdes.

[...]

8° Y a-t-il au centre des systèmes de fixes un corps qui le régisse comme notre soleil régit les planètes et les comètes ?

Cela paraît conforme à l'analogie, et l'ordre de la révolution de ces fixes en devient plus simple ; reste à savoir si c'est l'unique cause de leur état permanent.

9° Ce corps est-il fort grand et lumineux ?

Il doit avoir nécessairement une masse considérable, et sa grandeur doit être proportionnée à sa densité. L'une et l'autre doivent l'être à l'étendue du système ; il peut avoir une faible lumière propre, ou être éclairé par le soleil le plus voisin. Si c'est de cette manière, il peut être opaque et cependant paraître lumineux.

[...]

13° Si chaque système de fixes est régi par un corps de cette espèce, ne peuvent-ils pas, rassemblés, former un système plus étendu, dans le centre duquel il y ait un nouveau corps régissant dont la sphère d'activité embrasse ce plus grand système ?

La Voie lactée étant formée de plusieurs systèmes réunis, si l'on trouvait que chacun, ou seulement l'un d'eux, a dans son centre un corps régissant, on peut conclure d'après l'analogie que la Voie lactée entière en a un aussi elle-même, à l'action duquel elle obéit en faisant sa révolution autour de lui.

14° Ce dernier corps ne doit-il pas être immensément grand ?

Son étendue doit être proportionnée à celle de son domaine.

15° Y en a-t-il d'ultérieur à considérer, et serait-il possible d'aller encore graduellement plus loin ?

La Voie lactée doit, comme les autres systèmes, appartenir à des systèmes encore plus grands, mais tout ce qui excède notre

sphère de visibilité ne doit pas nous occuper, quoique nous soyons autorisés sur l'analogie à croire que cette marche progressive s'étende encore très loin. Nos efforts doivent se borner d'abord à constater par l'observation l'existence d'un de ces corps régissants, surtout de celui duquel dépend notre système.

J'ai voulu voir, si en réunissant ainsi sous un même coup d'œil les principales questions de mon système à résoudre, il ne serait pas possible de parvenir à quelque chose de plus rigoureux que la simple probabilité. Je pourrais en accumuler encore un bien plus grand nombre, mais celles-ci, qui sont plus essentielles, m'ont paru suffisantes pour remplir cet objet.
(Jean Henri Lambert, *Lettres cosmologiques*, 274-278)

Heinrich Olbers

À soixante-deux ans, en 1820, après avoir partagé sa vie entre la médecine et l'astronomie, Olbers abandonne celle-là et se consacre entièrement à celle-ci. Il s'est déjà fait un nom dans cette discipline, en particulier par la détermination d'orbites de comètes et la découverte de petites planètes, et il est très estimé du grand mathématicien Bessel. Mais la postérité retient le nom d'Olbers principalement pour une discussion publiée en 1823 : *Sur la transparence de l'espace cosmique*, un titre modeste qui ne laisse pas deviner l'importance du sujet – l'infinité de l'univers. L'article d'ailleurs passa presque inaperçu, il faudra attendre les années 1950 pour que Bondi et Gold, dans le cadre des débats sur le big-bang, attirent l'attention sur son importance. Le problème peut être formulé très

> **K**epler avait déjà posé le problème du noir de la nuit dans le cas d'un univers infini, sous la forme de l'énigme de la forêt : un observateur, placé face à une forêt infinie uniformément peuplée d'arbre, ne verra pas l'horizon, où que son regard se dirige, il rencontrera un tronc d'arbre sur son trajet.

La science classique

simplement, même si ce n'est pas ainsi qu'Olbers le formule : le nombre d'étoiles d'une sphère uniformément peuplée croît comme le cube de son rayon, alors que l'éclat apparent d'un astre ne décroît que comme le carré de sa distance à l'observateur. La brillance d'une sphère étoilée entourant un observateur croît donc comme son rayon, et si ce rayon devient infini, le ciel de nuit devrait être aussi brillant que le ciel de jour. On pourrait s'attendre à ce que celui qui pose cette question soit un tenant de la finitude de l'univers, il n'en est rien : Olbers affirme l'infinité de l'univers. La question devient pour lui une énigme qu'il croit résoudre en supposant une très faible mais réelle absorption de l'espace cosmique.

Après s'être interrogé sur la relativité du grand et du petit pour l'homme, Olbers tente le bilan des distances accessibles à l'observation astronomique :

> Déjà la distance du soleil à notre terre est si grande que l'on a cherché, pour rendre sa grandeur plus concevable, à calculer le temps qu'il faudrait à un boulet de canon pour la parcourir ! Mais, en outre, chaque étoile fixe est un soleil et la plus proche de nous est située à

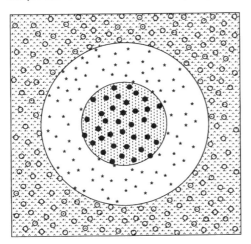

Le premier qui ait résolu l'énigme du noir de la nuit n'est pas un astronome, mais un poète : Edgar Poe ! Nous ne voyons jamais la totalité des étoiles de l'univers. Si nous attendons longtemps, les étoiles qui nous entourent meurent (•) ; nous sommes alors entourés d'une sphère d'étoiles brillantes (*) – les remparts dorés de l'univers – ; au-delà de celle-ci s'étend un univers sombre d'étoiles dont la lumière ne nous est pas encore parvenue (°).

une telle distance que, par comparaison, la distance de la terre au soleil s'évanouit presque complètement. Un grand nombre de telles étoiles fixes, de grandeurs très diverses, se montrent à notre œil nu depuis l'éclatant Sirius jusqu'aux étoiles de sixième ou septième grandeur dont l'œil le plus perçant ne remarque qu'à peine l'existence par la nuit la plus pure. Beaucoup de ces petites étoiles peuvent être en elles-mêmes plus petites que celles qui paraissent plus grandes ; cependant la plupart ne paraissent plus petites qu'à proportion de leur éloignement et ainsi nous voyons déjà à l'œil nu des étoiles qui sont situées de douze à quinze fois plus loin que les étoiles de première grandeur. Par le moyen des télescopes, des étoiles toujours plus nombreuses et plus petites deviennent visibles à mesure que ces instruments deviennent plus parfaits. Et notre raison doit consentir, si difficile que ce soit à l'imagination, à se représenter encore distinctement des distances et des espaces si grands que Herschel avec ses télescopes géants regardait dans le ciel des objets qui sont quinze cents fois, voire plusieurs milliers de fois plus éloignés de nous que Sirius ou Arcturus. Mais le regard perçant du maintenant défunt Herschel est-il arrivé près des bornes de l'univers ? S'en est-il même approché sensiblement ? Qui pourrait le croire ? L'espace n'est-il pas infini ? Ses bornes se laissent-elles elles-mêmes penser ? Est-il concevable que la toute-puissance infinie ait laissé vide cet espace infini ?
(*La Transparence de l'espace*, trad. J. Merleau-Ponty, 319-320)

Il est au plus haut point vraisemblable que ce n'est pas seulement cette partie de l'espace que notre regard, même si fortement armé, a découverte, mais l'espace infini tout entier qui est peuplé de soleils.

Alors se présente aussitôt une très forte objection. S'il y a réellement des soleils dans tout l'espace infini, qu'ils soient séparés par des distances à peu près égales, ou répartis dans des systèmes de Voies lactées, leur ensemble est infini et alors, le ciel tout entier devrait être aussi brillant que le soleil. Car toute ligne que j'imagine tirée à partir de nos yeux rencontrera nécessairement une étoile fixe quelconque et par conséquent tout point du ciel devrait nous envoyer de la lumière stellaire, donc de la lumière solaire.
(*Idem*, 321)

La science classique

Est-ce une raison pour rejeter l'infinitude de l'univers ?

> Mais alors, devons-nous rejeter l'infinité du système des étoiles fixes, pour la raison que le ciel tout entier ne brille pas comme le soleil ? Devons-nous, pour cette raison, restreindre ces systèmes à une petite place dans l'espace infini ? Aucunement. [...] À partir de l'ensemble infini des étoiles fixes, nous avons supposé que l'espace cosmique est absolument transparent, ou que la lumière consistant en rayons parallèles n'est nullement affaiblie quel que soit l'éloignement des corps rayonnants. Or, cette transparence absolue de l'espace cosmique, non seulement n'est pas du tout prouvée, mais elle aussi tout à fait invraisemblable. Quoique les planètes, si denses, ne subissent absolument aucune résistance notable dans l'espace cosmique, nous ne devons pas cependant le juger tout à fait vide. Bien des observations que nous faisons sur les comètes et leurs queues semblent indiquer quelque chose de matériel dans l'espace cosmique ; la matière de la queue des comètes, qui se disperse sans cesse et la substance de la lumière zodiacale y sont en tout cas certainement présentes. [...] Il est donc certain que l'espace cosmique n'est pas absolument transparent. Mais il suffit d'un degré extrêmement faible de non-transparence pour anéantir totalement cette inférence fondée sur l'hypothèse d'un ensemble infini d'étoiles, mais si contraire à l'expérience, que le ciel tout entier devrait nous envoyer de la lumière solaire. Supposons, par exemple, que l'espace cosmique soit transparent à un degré tel que, de 800 rayons envoyés par Sirius, 799 parviennent jusqu'à la distance qui nous sépare de lui : alors ce très petit degré de non-transparence sera déjà plus que suffisant pour que le système des étoiles fixes s'étendant à l'infini ait pour nous l'apparence qu'il a effectivement.
> (*La Transparence de l'espace*, trad. J. Merleau-Ponty, 322)

Sur la base de cette absorption, Olbers développe des calculs qui "montrent" qu'elle est suffisante pour expliquer le noir de la nuit.

> Nous pouvons donc tenir pour certain qu'à ce degré supposé de transparence de l'espace cosmique, les étoiles au moins trente mille fois plus éloignées de nous que Sirius n'apportent plus aucune

Heinrich Olbers

contribution à la clarté du fond du ciel. Ce fond du ciel nous paraîtrait donc tout à fait noir si notre atmosphère elle-même, simplement éclairée par les étoiles, n'avait une certaine clarté qui, même par la nuit la plus sereine, fait paraître le fond du ciel non tout à fait noir, mais seulement bleu sombre. [...] L'hypothèse que la lumière, indépendamment de sa divergence, éprouve, en nous venant de Sirius, une diminution de 1/800 est naturellement tout à fait arbitraire. Comme je l'ai dit, j'ai simplement eu l'intention de montrer par là que déjà une perte de lumière si petite [...] serait suffisante, sur ces grandes distances, pour représenter les apparences célestes comme nous les voyons, même si l'ensemble des étoiles [...] est infini. Ce n'est cependant pas sans réflexion que j'ai choisi ce degré de non-transparence de l'espace cosmique, et je crois qu'il ne doit pas être si extraordinairement différent de celui qui existe effectivement.

> **O**lbers n'avait pas les moyens de comprendre que sa réponse n'en était pas une. En 1823, on commençait à peine à traiter les rapports entre la mécanique et la chaleur, et on ne se préoccupait nullement de ceux entre la lumière et l'énergie. *Les Réflexions sur la puissance motrice du feu* de Carnot sont de 1824, alors que la *Théorie analytique de la chaleur* de Fourier est de 1822, et son mémoire *Sur les températures du globe terrestre et des espaces planétaires*, de 1824.

C'est donc avec une bienveillante sagesse que la toute-puissance créatrice a rendu l'espace cosmique transparent certes à un très haut degré, mais pourtant non absolument, et ainsi borné notre vision à une région déterminée de l'espace infini : car nous sommes ainsi placés en situation d'apprendre quelque chose de la construction et de l'organisation de l'univers, dont nous ne saurions que peu, si même les soleils les plus éloignés pouvaient nous envoyer leur lumière sans aucune extinction.
(*Idem*, 325-326)

> Une réponse qui n'en est pas une. Les photons absorbés chauffent l'espace absorbant et si le ciel de nuit perd son éclat, il devient infiniment chaud !

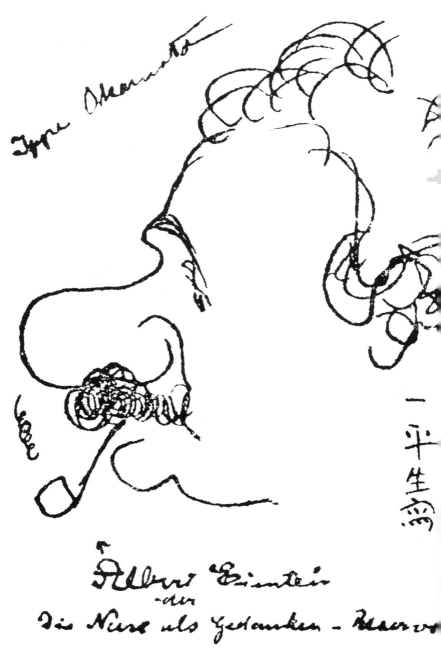

7. Cosmologie contemporaine

L'année 1846 voit le triomphe de la mécanique analytique : l'astronome allemand Galle, observant une région du ciel que Le Verrier vient de lui indiquer, découvre une nouvelle planète, Neptune. La position à un moment donné de cette planète a été établie par des calculs fondés sur les écarts au cheminement théorique qu'Uranus aurait dû suivre sans la présence devinée d'un perturbateur. Ainsi non seulement, depuis bientôt deux siècles, la loi de la gravitation universelle de Newton rend compte de tous les mouvements célestes observés, mais elle permet de découvrir de nouveaux astres. En d'autres termes, à son pouvoir descriptif s'ajoute, plus mystérieux, un pouvoir prédictif. Pourtant, la voie royale va bientôt déboucher sur une impasse : son triomphe est aussi son chant du cygne. Dès la fin de ce même siècle, les concepts d'espace et de temps absolus sur lesquels reposait la mécanique classique vont s'effondrer. Si la révolution copernicienne, que l'œuvre de Newton avait validée et achevée, était apparue sans nécessité apparente, la révolution einsteinienne est le fruit d'une crise générale de la physique classique : une série de nouvelles questions y reste sans réponse. Entre autres, l'impossibilité de mettre en évidence le mouvement de la terre par rapport à un éther censé être le support matériel du rayonnement lumineux donne congé à la cinématique en cours et à l'éther lui-même. Des questions qui vont amener la constitution d'une nouvelle physique. D'autre part, en ce début du XXe siècle, si l'univers observé s'est enrichi d'objets nouveaux et considérablement agrandi, il reste simple et de dimension modeste : l'image qu'en a la majorité des astronomes est "stoïcienne", celle d'une galaxie, la nôtre, flottant dans un espace euclidien vide. Des changements qui ne

La cosmologie contemporaine

justifient pas une réflexion cosmologique radicalement nouvelle. Entre 1921 et 1929, deux faits nouveaux vont modifier cette vision. En 1921, l'analyse spectrale des rayonnements lumineux de vingt-neuf nébuleuses signale un décalage vers le rouge, qui l'emporte de façon significative sur le décalage vers le violet et devient de plus en plus grand en valeur absolue. Il est tentant d'interpréter ce décalage comme la conséquence d'un effet Doppler – mis en évidence pour le son, dont la fréquence dépend des vitesses relatives de l'émetteur et du récepteur –, et donc de supposer qu'il permet la détermination des vitesses radiales des nébuleuses : le décalage vers le rouge indiquant une fuite, celui vers le violet, un rapprochement. Les nébuleuses en fuite l'emportant largement sur celles qui s'approchent de nous, on en vint à supposer que l'univers était en expansion et que plus une nébuleuse était éloignée plus elle nous fuyait rapidement. En 1929, Hubble et Humason, disposant de quarante-six décalages et de dix-huit distances mesurées, proposaient la relation qui lie la distance d'une nébuleuse à sa vitesse apparente de fuite. D'autre part, en 1923, le même Hubble identifia une étoile variable géante de type Céphéides dans la nébuleuse d'Andromède. Une identification qui lui permit d'estimer la distance d'Andromède : 900 000 années de lumière (une année de lumière est la distance parcourue par la lumière en un an, soit dix mille milliards de kilomètres), ce qui situait cette nébuleuse très loin de notre galaxie. L'hypothèse que la plupart des nébuleuses alors observées soient extérieures à notre galaxie et qu'elles soient si lointaines s'imposa rapidement et entraîna une renaissance de la cosmologie. Mais ces raisons astronomiques n'étaient pas les seules. Le cheminement qui conduira Einstein à la théorie de la relativité générale l'oblige à lier les notions d'espace et de temps et l'amène à s'intéresser aux géométries non euclidiennes que les mathématiciens Lobatchevski et Riemann avaient élaborées sans se soucier de leur "utilité" physique. L'espace-temps de la relativité générale est fonction de son contenu matériel, il est courbé sous le poids de la matière (d'où le recours à la géométrie

Introduction

riemannienne). L'univers en tant qu'entité globale devient lui-même un objet de la physique. Situation cosmologique radicalement nouvelle. Dans la théorie newtonienne, l'espace et le temps absolus sont donnés à l'avance comme cadres extérieurs à la physique et à la cosmologie, alors que la relativité générale doit, entre autres, définir le cadre de l'espace-temps à l'intérieur de sa propre structure formelle. Quelle que soit la théorie envisagée, le monde est décrit par ce que l'on appelle des équations aux dérivées partielles, c'est dire qu'il n'est décrit que localement, sans que l'on puisse en déduire sa structure globale : pour préciser celle-ci, il faut introduire des "conditions aux limites" qui ne peuvent qu'être extérieures à la théorie. Si la théorie de l'expansion de l'univers n'est pas, comme on l'écrit trop souvent, la fille de la relativité générale, pas plus que le big-bang n'est la conséquence nécessaire de l'expansion, il n'en reste pas moins que l'abbé Lemaître va élaborer, dès 1927, sa théorie de l'expansion à partir d'une réflexion sur les théories relativistes d'Einstein et de de Sitter, et qu'il complétera cette théorie initiale par celle de l'explosion d'un atome primitif, première version du big-bang, en 1931. La grande majorité des astronomes accepta rapidement l'idée d'un univers en expansion, mais celle du big-bang entraîna plus de réticences. Et certains astrophysiciens tentèrent de construire de nouveaux modèles d'expansion. La tentative la plus cohérente et la plus "durable" fut celle de Gold et Bondi qui proposèrent, en 1948, un univers certes en expansion, mais de densité constante. Une solution qui offrait une alternative au modèle dit standard, jusqu'à ce que, en 1965, Wilson et Penzias découvrent fortuitement le rayonnement du fond de l'univers : un fait observationnel qui contredisait la théorie de la création continue de Bondi et Gold, mais que le modèle standard prévoyait.

La cosmologie contemporaine

Georges Lemaître

En 1927, l'abbé Lemaître publie son travail fondamental : un univers homogène de masse constante et de rayon croissant, rendant compte de la vitesse radiale des nébuleuses extra-galactiques, propose une solution au dilemme entre les deux théories relativistes de l'époque – celle d'Einstein, d'un univers "plein" et statique et celle de de Sitter, en expansion mais vide de matière ! Peu après, en 1931, il complète ce travail par la première esquisse de son hypothèse cosmogonique, l'atome primitif. Selon cette hypothèse, le monde actuel, en expansion continue, résulte de la désintégration radioactive d'un atome.
Les idées de Lemaître heurtèrent des préjugés très enracinés. Même si les idées sur l'espace et le temps évoluaient, que l'univers soit, en moyenne, au repos était admis comme un postulat cosmologique implicite. il fallut attendre 1929, deux ans après le premier article de Lemaître, pour que Hubble et Humason publient la relation entre la vitesse de fuite d'une galaxie et sa distance : la question de l'expansion de l'univers n'était cette fois-ci plus posée par un théoricien de la cosmogonie mais par des astronomes observateurs. Mais est-il nécessaire d'interpréter le décalage vers le rouge comme l'indice d'un mouvement d'éloignement ? Certains le nièrent, et quelques-uns le nient encore : d'autres causes physiques ont été avancées, mais, à la différence de l'hypothèse de la "fuite", ces autres causes soit ne rendent pas compte de tous les effets observés, soit en prévoient qui n'ont pas, à ce jour, été observés.

Lemaître se pose d'abord la question de savoir si la multitude des étoiles est finie ou infinie, à partir de raisonnements sur l'infini potentiel et l'infini en acte des mathématiciens ; sa conclusion est que le nombre des étoiles est fini. Mais de là peut-on déduire que l'espace compris entre les étoiles est fini ?

Georges Lemaître

La conclusion n'est pas tout à fait immédiate, car si les étoiles sont bien actuelles, la division de l'espace que suppose sa mesure n'est que potentielle. Il est néanmoins clair que si les lois de la géométrie subsistent, au moins sans modifications trop radicales, dans le monde stellaire, on peut conclure du nombre fini des étoiles au volume fini d'un polyèdre convexe qui les contiendrait toutes. L'hypothèse essentielle que suppose une telle déduction est que le principe d'Archimède s'applique à la distance de deux étoiles, c'est-à-dire que si on porte bout à bout une longueur finie sur une ligne joignant ces étoiles, on pourra couvrir le chemin en un nombre fini d'opérations. Si les étoiles sont en relation de distance, le volume qu'elles comprennent est fini.
(Georges Lemaître, *L'Atome primitif*, p. 36)

Se pose alors la question des frontières de ce néant, question que formulait déjà Archytas.

L'armée des étoiles s'étend au loin à quelques milliers de parsecs, formant une sorte de disque dix fois plus large que haut. Qu'y a-t-il au-delà ? Nous verrons dans un instant que l'astronomie a encore dû étendre largement l'échelle des formations cosmiques, nous faisant entrevoir, à des distances prodigieuses, d'immenses agglomérations d'étoiles, les nébuleuses extra-galactiques. Mais après, arriverons-nous, devons-nous espérer arriver à une dernière nébuleuse, une dernière étoile veillant à l'extrême limite du monde ? [...]

Nous pouvons concevoir un polyèdre convexe ayant son sommet aux dernières étoiles et qui renferme toutes les autres. Pourvu que ces dernières soient en relation de distances avec les autres, nous sommes assurés, ainsi que nous l'avons expliqué tout à l'heure, que le volume compris dans ce polyèdre est fini. [...] Ce polyèdre contient toutes les étoiles ou toutes les particules,

> L'abbé Lemaître est l'un des premiers à affirmer que l'univers ne peut pas être décrit par la géométrie euclidienne et qu'il faut recourir à la géométrie riemannienne. La première géométrie non euclidienne fut celle de Lobatchevski (1792-1856) qui pose que par un point on peut mener plusieurs parallèles à une droite. Puis, vint celle de Riemann (1826-1866) qui pose que par un point on ne peut mener aucune parallèle à une droite.

La cosmologie contemporaine

quelle que soit leur nature, dont la matière est formée. En dehors de ce polyèdre, il n'y a rien. L'univers serait une bulle de matière plongée dans un océan de néant.

Qu'est-ce que l'espace sans matière ? Cette question nous fait aborder un des problèmes philosophiques les plus difficiles et les plus discutés : qu'est-ce que l'espace ? Sans vouloir nous avancer sur un terrain si dangereux, nous pouvons constater que les principaux systèmes philosophiques, malgré leur désaccord foncier sur tant de points, s'accordent à définir l'espace en fonction de la matière. Pour notre philosophie traditionnelle, l'espace est une abstraction de l'étendue des corps, qui est un accident de la substance corporelle, il ne se comprend que là où il y a de la matière, l'accident localisateur sans substance est inconcevable. Le système kantien arrive par une autre voie à la même conclusion. L'espace est la forme des phénomènes, il ne se peut concevoir sans phénomènes. Pour l'une ou l'autre de ces deux philosophies, on peut vraiment dire que l'espace est dans les corps ; l'espace absolument vide ne peut être que le néant et donc n'existe pas.

La frontière du néant, mur dérisoire où semble devoir se briser l'extrême effort de notre esprit à la conquête du monde. Les étoiles ne sont-elles qu'un voile brillant qui nous masque l'horreur du néant ? Le roseau pensant de Pascal domine le rocher qui l'écrase puisqu'il le connaît ; nous dominons les cieux dont nous comprenons l'harmonie, ne serions-nous capables de vaincre l'univers que par parties et notre esprit devrait-il s'avouer impuissant à comprendre le monde dans son ensemble ?

Il me reste à vous dire comment on peut écarter cette conclusion pessimiste et concevoir une forme intelligible de l'ensemble du monde, et de quelles preuves ou plutôt de quels commencements de preuves, de quels espoirs de preuves, on peut étayer cette conception.
(Georges Lemaître, *L'Atome primitif*, pp. 43-44)

Quoi que nous déduisions de notre approche sensible de l'espace, un espace fini peut être sans borne.

Comparons l'espace à la surface de la terre. Un volume n'est pas une surface, mais peut pourtant lui être comparé. La surface a une

Georges Lemaître

grandeur, sa superficie, analogue à la grandeur du volume ; elle a une frontière qui la sépare des pays limitrophes, analogue à la surface frontière qui sépare le volume de l'espace extérieur. Mais la comparaison ne vaut que pour autant que nous ne sortions pas des surfaces comparées à l'espace, car, si nous pouvons sortir d'une surface, nous ne pouvons sortir de l'espace que par quelque quatrième dimension et le regarder de l'extérieur. Telles sont les règles du jeu. Tout pays a une frontière [...].

Juxtaposons les pays, fédérons l'Europe en une république, les frontières tombent, la superficie totale reste la même. Annexons-y l'océan Atlantique et les Amériques, l'Afrique, l'Asie, les océans Indien, Glaciaux et Pacifique, etc. Lorsque nous placerons la dernière brique, l'Australie, par exemple, la dernière frontière aura disparu. L'ensemble de la surface de la terre est sans frontières ; pourquoi n'en serait-il pas de même de l'ensemble de l'espace ?
(*Idem*, p. 47)

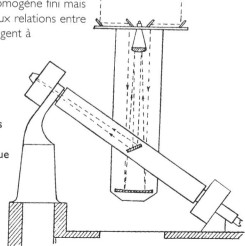

Ce télescope de près de 2,60 mètres de diamètre a été installé à l'observatoire du mont Wilson en 1917. Il a été utilisé par Hubble pour ses recherches extra-galactiques. On l'équipa alors de divers instruments auxiliaires dont un spectrographe qui permit à Hubble de mesurer les décalages spectraux des galaxies lointaines.

Après avoir examiné les propriétés géométriques d'un espace homogène fini mais sans borne, Lemaître passe aux relations entre l'espace et la matière qui obligent à abandonner notre géométrie euclidienne.

D'après la théorie de la relativité, un des effets de la gravitation est de modifier les propriétés de l'espace. Au voisinage d'une masse telle que le soleil, ou une étoile, la géométrie n'est pas euclidienne, on dit que l'espace a une certaine courbure [...]. Les équations

La cosmologie contemporaine

qui régissent cette dépendance entre les propriétés géométriques et gravifiques contiennent un paramètre dont l'importance ne se fait pas sentir dans les phénomènes à échelle relativement petite tels que les mouvements planétaires, mais dont le rôle devient prépondérant lorsqu'on étudie l'ensemble de l'univers. On l'appelle pour cette raison la constante cosmologique.
(Georges Lemaître, *L'Atome primitif*, p. 57)

À une échelle suffisamment grande, la matière est uniformément répartie dans l'univers.

Il existe une relation entre la constante cosmologique et la densité de l'univers. Ces deux grandeurs sont proportionnelles. Puisqu'il y a de la matière, la constante cosmologique ne peut être nulle et elle est nécessairement positive. La valeur de la constante cosmologique détermine les propriétés géométriques de l'espace, une valeur positive de la constante cosmologique entraîne comme conséquence que l'espace est du type elliptique et détermine en outre la longueur du tour d'univers. Celui-ci est ainsi inversement proportionnel à la racine carrée de la densité de matière. Cette relation remarquable trouvée par Einstein permet de nous faire une idée de la grandeur de l'espace. La densité de la matière est en effet une grandeur dont nous pouvons avoir une connaissance expérimentale par l'observation de ce qui se passe dans notre voisinage. Nous entendons par ce mot un espace assurément fort grand, aussi grand que le permettent nos moyens d'investigation, mais qui peut pourtant être encore bien petit par rapport à l'ensemble de l'espace.
(*Idem*, pp. 58-59)

> Que le langage propre à décrire l'univers soit celui des mathématiques n'est en réalité pas un fait nouveau : la description de l'univers euclidien de Newton passe par des équations différentielles. Mais la complexité de l'appareil mathématique propre à décrire l'univers dans le cadre de la relativité générale a accru l'hiatus entre la description mathématique du monde et sa description par les mots de tous les jours.

$$\beta_{ik} = \frac{1}{a_i a_k} \left[\frac{\partial}{\partial x^i} \left(\frac{1}{a_i} \frac{\partial}{\partial} \right. \right.$$

Georges Lemaître

Cette relation conduit Lemaître, à partir du recensement dont il disposait en 1929, à la conclusion suivante :

> D'après la relation d'Einstein, le demi-tour d'univers, c'est-à-dire la plus grande distance dans l'espace, est inversement proportionnel à la racine carrée de la densité. Pour une densité d'un soleil par parsec cube, le demi-tour d'univers serait de deux millions de parsecs. Il y a en moyenne une nébuleuse dans un cube de 500 000 parsecs, chaque nébuleuse est aussi massive que 250 millions de soleils. La densité de la matière est donc $500^3/0,25 = 500$ millions de fois moindre qu'un soleil par parsec cube. Prenant la racine carrée, le demi-tour d'espace est donc 22 000 fois deux millions, soit de l'ordre de 40 milliards de parsecs, soit mille fois la portée actuelle de nos télescopes.
> (*Idem*, p. 61)

Lemaître admet qu'il ne faut pas se dissimuler le caractère approché de ces estimations et pose le problème plus fondamental de la constance des dimensions de l'univers.

> La théorie cosmique d'Einstein admet, en outre, l'hypothèse de l'homogénéité de l'espace, une hypothèse tellement naturelle que vous m'excuserez peut-être de ne pas l'avoir mentionnée dès l'abord, à savoir que la longueur du tour d'univers ne varie pas avec le temps, en d'autres termes que l'univers est statique. Il semble y avoir des indices fort nets que cette hypothèse pourtant si naturelle n'est pas en réalité vérifiée.
> L'astronome hollandais de Sitter a en effet développé une théorie cosmique basée sur la théorie de la relativité, qui a l'inconvénient de supposer essentiellement que l'univers ne contient aucune matière, mais qui par ailleurs rend compte d'un phénomène extrêmement intéressant. (*Idem*, p. 62)

$$-\frac{\partial}{\partial x^k}\left(\frac{1}{a_k}\frac{\partial a_i}{\partial x^k}\right) + \sum_l \frac{1}{a_l^2}\frac{\partial a_i}{\partial x^l}\frac{\partial a_k}{\partial x^l}\Bigg].$$

La cosmologie contemporaine

Le phénomène du rougissement général du spectre des galaxies, s'il est interprété comme un effet Doppler, indique que toutes les galaxies nous fuient et cela d'autant plus vite qu'elles sont plus lointaines de nous.

> Si les nébuleuses s'écartent de notre galaxie, cela semble indiquer que notre galaxie est un point central de l'univers jouissant de propriétés spéciales. Nous avons beaucoup de répugnance à accepter une telle conclusion. Il nous paraît bien étrange que le lieu de l'intelligence se distingue ainsi par des propriétés matérielles. Nous savons qu'il n'est le centre ni du système local des étoiles, ni de la galaxie, il nous paraît étonnant qu'il soit le centre du système des nébuleuses. (Georges Lemaître, *L'Atome primitif*, p. 63)

Une conclusion qui semble violer le principe cosmologique selon lequel il n'y a pas de point de vue privilégié dans l'univers, mais que Lemaître corrige aussitôt :

> Il suffit d'admettre que les nébuleuses restent disposées semblablement dans l'espace, mais que les propriétés de l'espace varient avec le temps, le tour d'univers étant variable, augmentant avec le temps. Alors la distance de deux nébuleuses reste une même fraction du tour d'univers et donc augmente avec lui. Deux nébuleuses quelconques

L'évolution de l'univers, selon Lemaître, connaît trois phases principales. Après une première expansion d'un univers assez semblable à celui conçu par Einstein, vient une phase de stagnation, dont la durée dépend de la valeur de la constante cosmologique, et qui est suivie d'une nouvelle expansion indéfinie d'un univers semblable à celui imaginé par de Sitter.

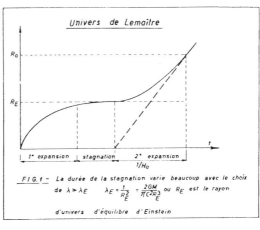

FIG. 1 – La durée de la stagnation varie beaucoup avec le choix de $\lambda > \lambda_E$ $\lambda_E = \frac{1}{R_E^2} = \frac{2GM}{\pi c^2 R_E^3}$ où R_E est le rayon d'univers d'équilibre d'Einstein

s'éloignent l'une de l'autre. Les choses se passent un peu comme elles pourraient apparaître à des microbes disposés à la surface d'une bulle de savon. Lorsque la bulle se gonfle, chaque microbe pourrait constater que ses voisins s'éloignent de lui ; il aurait l'apparence et l'apparence seulement d'être un point central. (*Idem*, p. 64)

Ainsi l'univers serait en expansion, une hypothèse que les observations n'ont fait que confirmer, et qui conduit l'esprit à remonter le temps et à imaginer un instant origine où l'univers serait, sinon ponctuel, du moins extrêmement condensé.

L'hypothèse de l'atome primitif est une hypothèse cosmogonique suivant laquelle le monde actuel a résulté de la désintégration radioactive d'un atome. […] Nous imaginons l'atome primitif comme remplissant uniformément l'espace de rayon très petit (astronomiquement parlant). Il n'y a donc pas de place pour des électrons superficiels. […] Cet atome est conçu comme n'ayant existé qu'un instant, il est en effet instable ; dès son existence, il se brise en morceaux, qui se brisent à leur tour ; entre les morceaux jaillissent des électrons, des protons, des particules alpha, etc. Il en résulte une augmentation rapide du rayon de l'espace que les fragments de l'atome primitif remplissent toujours uniformément. […] Dans cette première phase de l'expansion de l'espace, partant asymptotiquement d'un rayon pratiquement nul, nous avons des particules animées de vitesses énormes qui sont plongées dans la radiation, dont l'énergie totale est, sans doute, une fraction notable de l'énergie massique des atomes. L'effet de cette expansion rapide de l'espace est d'atténuer cette radiation et aussi de diminuer les vitesses relatives des atomes. […] Nous obtiendrons donc, au moins localement, un commencement d'équilibre statique, c'est-à-dire la formation de nuées gazeuses. Ces nuées gazeuses auront encore, l'une par rapport à l'autre, des vitesses considérables, et ces nuées seront mélangées aux radiations qui ont été elles-mêmes atténuées par l'expansion. (*Idem*, pp. 155-156)

Ces radiations, selon Lemaître, subsisteront jusqu'à nos jours sous forme de rayons cosmiques, tandis que les nuées gazeuses donneront les étoiles et les galaxies.

La densité des nuées est, en moyenne, la densité d'équilibre 10^{-27}. […] Ces nuées n'ont aucune tendance à se contracter ; pour qu'une contraction due à la gravitation puisse s'y amorcer, il faut que leur densité soit notablement accrue. C'est ce qui pourra arriver si deux nuées viennent à se rencontrer avec de grandes vitesses. […] Les deux nuées s'aplatiront l'une sur l'autre en restant en contact, la densité sera facilement doublée et la condensation sera définitivement amorcée. Il est clair qu'une telle condensation peut donner lieu, par des mécanismes connus, à un système solaire, ou à une étoile simple ou multiple. En même temps, la perte d'énergie, due à ces chocs mous, modifiera la distribution des nuées et des étoiles déjà produites, de telle façon que le système se condensera davantage. Il semble bien que ce phénomène puisse être soumis à l'analyse mathématique. […] Il n'y a guère de doute qu'il n'y ait moyen d'obtenir ainsi la loi de répartition finale des étoiles formées par le mécanisme décrit plus haut.
(Georges Lemaître, *L'Atome primitif*, pp. 170-172)

Albert Einstein

Il semble qu'Einstein se soit intéressé à la cosmologie dès 1912, et que le point de départ de ses réflexions cosmologiques soit une question posée par Ernst Mach : celle de la relativité des rotations. Il s'agit d'une expérience de pensée : on imagine deux sphères en rotation relative, l'une en rotation par rapport à l'espace absolu de Newton (défini par les étoiles fixes), et l'autre non. L'une se déforme, et l'on "explique" cette déformation par la force centrifuge, et l'autre ne se déforme pas. Pour Einstein, ce non-respect du principe de relativité des mouvements doit être attribué à "un fait expérimental observable". À cet égard, ni la théorie de Newton et son espace absolu, ni sa propre théorie de la relativité restreinte ne répondent à l'exigence posée ci-dessus. Et pourtant, on ne devrait pas pouvoir plus distinguer une rotation d'une autre rotation que l'on ne peut distinguer une translation d'une autre translation. Pour Einstein, la cause physique de la non-relativité de la rotation doit être trouvée dans les masses lointaines. Il y a alors incompatibilité entre l'espace physique de l'univers et l'espace

Albert Einstein

mathématique de la théorie classique ou de la première théorie relativiste. Einstein comprend qu'un espace physiquement vide ne peut impliquer un espace mathématiquement structuré. Il écrit à l'astrophysicien Schwarzschild : "Si toutes les choses venaient à disparaître du monde, alors pour Newton, il resterait l'espace inertiel galiléen, mais d'après ma conception, il ne resterait rien."

Après avoir considéré les pas en avant effectués depuis 1921 touchant les problèmes du décalage vers le rouge des raies spectrales et de la loi du mouvement d'un corps gravitant, Einstein aborde le problème cosmologique.

Une troisième avancée dans ce que l'on nomme le "problème cosmologique" sera considérée ici en détail, en partie à cause de son importance fondamentale, mais aussi parce que la discussion de ces questions est loin d'avoir abouti à une conclusion. […] Le problème peut être sommairement formulé ainsi : sur la base de nos observations relatives aux étoiles fixes, nous sommes suffisamment convaincus que le système des étoiles fixes ne ressemble pas, pour l'essentiel, à une île qui flotte dans l'espace vide infini, et qu'il n'existe pas une sorte de centre de gravité de tout l'ensemble de la matière existante. Nous avons bien plutôt acquis la conviction qu'il existe une densité moyenne de matière qui diffère de zéro.
(Albert Einstein, *Relativités* II, p. 114)

Dès 1919, l'observation d'une éclipse par Eddington (un des premiers et des plus chauds partisans de la relativité) mit en évidence la déviation des rayons lumineux par le fort champ gravitationnel du soleil : une confirmation presque immédiate de la théorie de la relativité générale, qui prévoyait cette déviation.

La cosmologie contemporaine

Se pose alors la question suivante : cette hypothèse est-elle compatible avec la relativité générale ?

> Considérons une partie finie de l'univers qui soit assez grande pour que la densité moyenne de matière contenue soit approximativement une fonction continue de (x_1, x_2, x_3, x_4). Un tel sous-espace peut être considéré approximativement comme un système inertiel par rapport auquel on rapporte le mouvement des étoiles. On peut s'arranger pour que le mouvement moyen de la matière relativement à ce système soit nul dans toutes les directions. Il ne reste alors que les mouvements (presque aléatoires) des étoiles individuelles, analogues aux mouvements des molécules d'un gaz. L'expérience nous apprend, et c'est là un point essentiel, que les vitesses des étoiles sont très petites comparées à la vitesse de la lumière. Il est donc possible pour l'instant de négliger ce mouvement relatif complètement [...]. Les conditions ci-dessus ne suffisent nullement à définir le problème qui pourrait être spécifié de façon à la fois simple et radicale en imposant la condition suivante : la densité de matière (naturellement mesurée) ρ est la même partout dans l'espace (quadridimensionnel), la métrique est, pour un choix approprié des coordonnées, indépendante de x_4, homogène et isotrope par rapport à x_1, x_2, x_3.
> (Albert Einstein, *Relativités* II, p. 115)

Cette description mathématique de l'espace physique à grande échelle présentait, en 1921, l'inconvénient de devoir introduire dans les équations de la gravitation consécutives une constante universelle, dite constante cosmologique, λ. Un ajout arbitraire qui compliquait la théorie et dont le mathématicien Friedman a montré l'inutilité, en introduisant une expansion de l'espace, avant que Hubble n'observe le décalage vers le rouge, ce qui oblige Einstein à modifier l'une de ses hypothèses.

> On observe que les amas d'étoiles, vus d'ici, sont distribués avec

approximativement la même densité dans toutes les directions. Ainsi sommes-nous conduits à faire l'hypothèse selon laquelle l'isotropie spatiale du système vaudrait pour tous les observateurs, pour tous les lieux et à tous les instants d'un observateur qui serait en repos par rapport à la matière environnante. En revanche nous ne faisons plus l'hypothèse que la densité moyenne de matière, pour un observateur au repos par rapport à la matière voisine, est constante par rapport au temps. Nous abandonnons donc par là même l'hypothèse selon laquelle l'expression du champ métrique est indépendante du temps. (*Idem*, II, p. 116)

La théorie de l'expansion permet de calculer l'âge de l'univers. Dans un premier temps, il y a eu une contradiction entre cette estimation de l'âge de l'univers, 10^9 années et l'âge des plus vieilles étoiles, au moins 5×10^9 années. Après correction de la constante d'expansion, une valeur de l'ordre de $1,5 \times 10^{10}$ années est aujourd'hui couramment admise pour l'âge de l'univers.

Il faut maintenant trouver une formulation mathématique de l'isotropie spatiale de cet univers.

Par tout point P de l'espace, à quatre dimensions, passe une trajectoire de particules (désormais appelée "géodésique" pour abréger). Soit P et Q deux points infiniment proches d'une telle géodésique. Nous devons alors exiger que l'expression du champ soit invariante relativement à toute rotation du système de coordonnées laissant P et Q fixes. Cela devra être vrai pour chaque élément de chaque géodésique. Une telle condition d'invariance implique que la géodésique tout entière se trouve sur l'axe de rotation et que ses points restent invariants lors de la rotation du système de coordonnées. Cela signifie que la solution doit être invariante par rapport à toutes rotations du système de coordonnées autour de la triple infinité des géodésiques.

Par souci de brièveté, je laisserai de côté la question de la déduction de la solution de ce problème. Il semble néanmoins intuitivement que, pour l'espace à trois dimensions, une métrique qui est invariante par rapport aux rotations autour d'une double infinité de lignes est essentiellement du type à symétrie sphérique (grâce à un choix convenable de coordonnées), les axes de rotations étant les lignes droites radiales, lesquelles sont, par raison de symétrie, des

La cosmologie contemporaine

géodésiques. Les surfaces de rayon constant sont alors les surfaces de courbure constante positive et elles sont partout perpendiculaires aux géodésiques radiales. D'où la conclusion suivante énoncée dans le langage des invariants : il existe une famille de surfaces orthogonales aux géodésiques. Chacune de ces surfaces est une surface de courbure constante. Les segments de ces géodésiques contenus entre deux surfaces quelconques de la famille sont égaux. [...]

Le cas quadridimensionnel qui nous intéresse ici est entièrement analogue. De plus, [...] il faut seulement choisir les directions radiales du genre temps et donc que les directions situées sur les surfaces de la famille soient du genre espace. [...] L'hypothèse d'isotropie spatiale de notre univers conduit à la métrique :

$$ds^2 = dx_4^2 - G^2 A^2 (dx_1^2 + dx_2^2 + dx_3^2),$$

où G dépend de x_4 seul, A de $r (= dx_1^2 + dx_2^2 + dx_3^2)^{1/2}$ seul, et où :

$$A = (1 + z/4r^2)^{-1},$$

les trois cas envisagés étant caractérisés par $z = 1$, $z = -1$ et $z = 0$.
(Albert Einstein, *Relativités* II, pp. 116-119)

Il est nécessaire de tenir compte du fait qu'un champ de gravitation règne dans l'univers.

Nous devons maintenant satisfaire en plus aux équations du champ de la gravitation, c'est-à-dire aux équations du champ sans le terme cosmologique qui auparavant avait été introduit de manière *ad hoc* :

$$(R_{ik} - 1/2\, g_{ik} R) + \kappa T_{ik} = 0$$

(*Idem*, II, p. 119)

Dans ces circonstances, les équations du champ sont :

$$z/G^2 + G'^2/G^2 + 2G''/G = 0$$
$$z/G^2 + G'^2/G^2 + 1/3\kappa\rho = 0$$

où z/G^2 est la courbure de la section spatiale x_4 = constante.

Puisque G est dans tous les cas une mesure relative de la distance métrique de deux particules matérielles en fonction du temps, G'/G exprime l'expansion de Hubble. A disparaît des équations, comme il le faut pour qu'il existe des solutions des équations de la gravitation ayant la symétrie requise.

Par soustraction des deux équations, nous obtenons :

$$G''/G + 1/6 \; \kappa\rho = 0$$

Puisque G et r doivent être partout positifs, G'' est partout négatif lorsque r n'est pas nul. $G(x_4)$ ne peut donc présenter ni minimum ni point d'inflexion ; de plus, il n'existe pas de solution pour laquelle G soit constant. (*Idem*, II, p. 120)

Enfin Einstein, confrontant les résultats mathématiques, la physique de l'univers et le réel observé, résume les résultats de son étude du problème cosmologique.

L'introduction du terme cosmologique dans les équations de la gravitation, bien que possible du point de vue de la relativité, doit être rejetée du point de vue de l'économie logique. Ainsi que Friedman a été le premier à le montrer, on peut concilier une densité de matière partout finie avec la forme originelle des équations de la gravitation si l'on admet la variation dans le temps de la distance métrique de deux points massiques.

L'exigence de l'isotropie spatiale de l'univers conduit à elle seule à la forme de Friedman. C'est donc sans aucun doute la forme générale qui correspond au problème cosmologique.

En négligeant l'influence de la courbure spatiale, on obtient une relation entre la densité moyenne et l'expansion de Hubble qui, pour ce qui est de l'ordre de grandeur, est confirmée empiriquement.

De plus, on obtient, pour le temps écoulé depuis le début de l'expansion jusqu'à aujourd'hui, une valeur de l'ordre de grandeur de 10^9 (un milliard) années. La brièveté de ce temps n'est pas en accord avec les théories sur l'évolution des étoiles. […]

Certains essaient d'expliquer le décalage des raies spectrales de Hubble par d'autres moyens que l'effet Doppler. Néanmoins, il n'y a dans les faits physiques connus aucun élément favorable à une telle conception. […] La découverte de Hubble ne peut donc être autrement interprétée que comme l'expansion du système des étoiles.

Les doutes concernant l'hypothèse du "commencement du monde" (début du processus d'expansion) qui se situerait il y a seulement 10^9 ans environ sont d'ordre à la fois empirique et théorique. Les astronomes ont l'habitude de considérer les étoiles de différents types spectraux comme des classes d'âge d'un développement uniforme, un processus qui demanderait beaucoup plus de temps que 10^9 ans. Une telle théorie contredit donc réellement les conséquences démontrées des équations relativistes. Il me semble, néanmoins, que cette "théorie de l'évolution" des étoiles repose sur des fondations plus fragiles que les équations du champ.

Les doutes théoriques ont pour origine le fait qu'à l'instant du commencement de l'expansion la métrique devient singulière et la densité ρ infinie. Une remarque s'impose à cet égard. Pour de grandes densités de champ et de matière, les équations de champ et même les variables de champ qui y entrent n'ont pas de signification mesurable réelle. On ne peut donc pas supposer la validité des équations pour de très grandes densités de champ et de matière, et on ne peut en conclure que le "commencement de l'expansion" doive signifier une singularité au sens mathématique du terme. Tout ce qu'il y a à comprendre, c'est que les équations ne peuvent pas être prolongées dans ces domaines.

Ces considérations, néanmoins, ne changent pas le fait que le "commencement de l'univers" constitue réellement un commencement, du point de vue du développement des étoiles et des systèmes d'étoiles existant aujourd'hui, commencement en ce sens que ces étoiles et systèmes d'étoiles n'existaient pas encore en tant qu'entités individuelles. (*Idem*, II, p. 126-128)

L'idée d'un univers en expansion devant finalement être prise au sérieux, il reste à se poser la question de la courbure de cet univers, positive (cas sphérique) ou négative (cas hyperbolique), une question dont la réponse dépend de la valeur de la densité moyenne ρ.

Il est imaginable que l'on apporte la preuve que le monde est sphérique, mais il est à peine pensable que l'on puisse prouver qu'il est hyperbolique. Cela vient du fait qu'on peut toujours donner une

limite inférieure pour ρ mais pas une limite supérieure. En effet, on peut difficilement estimer quelle fraction de ρ est liée aux masses inobservables astronomiquement (ne rayonnant pas).
(Albert Einstein, *Relativités* II, pp. 128)

Thomas Gold et Hermann Bondi

Dans les années quarante, les différents modèles d'univers, construits à partir des idées de l'abbé Lemaître, ne rendaient pas correctement compte de certaines données déduites des observations, telles que l'âge et le rayon de courbure de l'univers. Certains cosmologistes ont cherché à modifier la théorie de la relativité pour réconcilier les données sur l'échelle de temps des corps célestes et l'âge de l'univers, déduit de l'expansion. La tentative peut-être la plus intéressante, et en tout cas la plus durable, est celle de Gold et Bondi. En 1948, ces deux auteurs proposent ce qu'ils ont appelé la théorie d'un univers stationnaire en expansion qui débouche sur la nécessité d'une création continue de matière dans l'univers. En effet, pour Gold et Bondi, non seulement l'univers est spatialement homogène, mais il doit être stationnaire, c'est-à-dire que sa densité de matière reste constante. Cependant, comme l'explication la plus satisfaisante du décalage spectral des galaxies lointaines est l'effet Doppler, ils admettent l'expansion de l'univers. La seule façon de compenser la diminution de densité liée à cette expansion est la création continue de matière. Cette idée fut reprise par Fred Hoyle qui montra qu'elle était compatible avec les équations de la relativité générale, à condition d'y ajouter arbitrairement une constante du même type que celle qu'Einstein avait cru également devoir ajouter avant que Friedman en montrât l'inutilité, et à condition d'abandonner le principe de conservation de l'énergie ! Ce modèle d'univers eut un certain succès auprès de ceux qui, tout en acceptant l'expansion, refusaient le big-bang, jusqu'à ce que, en 1965, Arno Penzias et Robert Wilson découvrent fortuitement le rayonnement cosmologique fossile à une température proche de celle que prévoit la théorie du big-bang et qui n'a pas sa place dans la théorie de la création continue. Après avoir rappelé que la répétabilité absolue de toutes les

La cosmologie contemporaine

expériences est l'axiome fondamental de la physique et que cette condition entraîne que le résultat d'une expérience n'est pas affecté par le lieu et par l'époque où elle a été réalisée, Gold et Bondi insistent sur ce qui distingue l'expérimentation, pratiquée par les physiciens, de l'observation, pratiquée par les astronomes.

En physique de laboratoire nous avons l'habitude de distinguer entre les conditions qui peuvent varier à volonté et les lois naturelles qui sont immuables. Une telle distinction entre conditions "accidentelles", lois "naturelles" et constantes de la nature est légitime aussi longtemps que nous contrôlons l'accidentel et que nous pouvons tester la validité de la distinction par une expérience supplémentaire. Dans les observations astronomiques, nous ne disposons pas de ce contrôle, et nous ne pouvons jamais prouver ce qui est accidentel et ce qui est naturel. Cette difficulté, bien que logiquement très réelle, n'affecte pas nécessairement une interprétation de la dynamique du système solaire. Nous pouvons être satisfaits quand nous découvrons que le système solaire avec ses nombreuses orbites est précisément un des nombreux systèmes permis par nos lois naturelles. Mais quand

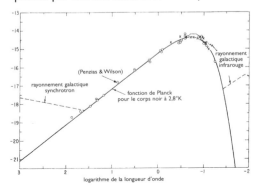

Comparaison des observations du rayonnement du fond cosmologique fossile avec la brillance monochromatique théorique, selon la distribution spectrale de Planck pour un corps noir à 2,8 °K. La découverte de Penzias et Wilson a été confirmée et complétée par d'autres radio-astronomes. La donnée enregistrée par Penzias et Wilson est repérée par une flèche et les données enregistrées par d'autres radio-astronomes sont repérées par des cercles. Les données proches du sommet de la courbe de rayonnement ont été obtenues par des équipements embarqués à bord de ballons ou de fusées, elles sont repérées par des croix et des pointillés. (R. A. Alpher et R. Herman, *Proceedings of the American Philosophical Society*, 119, 1975).

Gold et Bondi

nous considérons le comportement de l'univers entier, alors les bases logiques d'une distinction entre lois naturelles et conditions accidentelles disparaissent. Toute observation de la structure de l'univers donnera un résultat unique, par exemple une détermination de la vitesse de la lumière ou de la constante de la gravitation. Et de plus, si nous observons un univers variable, il nous faudra admettre que telles observations représentent les conditions accidentelles et telles autres, les lois naturelles.
(Gold et Bondi, "The Steady-State Theory of Expanding Universe", *Monthly Notices of the Royal Astronomical Society*)

C'est dire qu'élaborer un système cosmologique quelconque est une tâche difficile, et que, dans le cas d'un univers en perpétuel changement, elle devient hasardeuse.

Les observations actuelles indiquent que l'univers est en expansion. Ceci suggère que la densité moyenne était plus grande dans le passé qu'elle n'est aujourd'hui. Si nous faisons maintenant une quelconque exposition touchant au comportement d'un tel univers plus dense, et la voie au bout de laquelle il est supposé avoir atteint sa condition actuelle, alors nous devons connaître les lois physiques et les constantes applicables dans des univers plus denses. Mais nous n'avons pas de "déterminations" pour celles-là. On suppose communément que ces lois physiques, que nous avons appris à regarder comme intrinsèques parce qu'elles ne sont pas affectées par les changements de conditions que nous pouvons produire, sont en fait incapables d'un quelconque changement. Il est admis qu'un tel changement de densité de l'univers aura des effets locaux négligeables [...]. Et il est supposé qu'il n'y a pas à modifier les lois physiques qu'un observateur a déduites dans un laboratoire.
(*Idem*)

Un point de vue que Gold et Bondi partagent d'autant moins que, si nous acceptons le principe de Mach (qui veut que l'inertie soit une influence exercée par toutes les masses de l'univers), alors nous ne pouvons plus considérer un laboratoire comme à l'abri de toute influence extérieure.

La cosmologie contemporaine

N'importe quelle interdépendance entre les lois physiques et la structure de l'univers à grande échelle conduit à une difficulté fondamentale dans l'interprétation des observations de la lumière émise par les objets lointains. Car si l'univers, vu de ces objets, présente une apparence différente, il n'est alors pas légitime d'assumer un processus familier comme responsable de l'émission de la lumière que nous analysons. Cette difficulté est en partie levée par le principe cosmologique. Selon ce principe, toutes les moyennes à grande échelle des quantités dérivées de l'observation astronomique (c'est-à-dire la densité moyenne de l'espace, la taille moyenne des galaxies, le taux de matière condensée et non condensée, etc.) tendent statistiquement vers une même valeur quelle que soit la position de l'observateur, au fur et à mesure que l'échelle des observations augmente ; à condition toutefois que ces observations en différents lieux soient faites au même moment. Ce principe signifie qu'il n'y a aucun lieu privilégié dans l'univers, que les différences qui existent n'ont qu'une portée locale, que, vu à grande échelle, l'univers est homogène. Ce principe est largement reconnu, et les observations des nébuleuses lointaines ont beaucoup contribué à son acceptation. Une analyse de ces observations indique que la zone étudiée est suffisamment grande pour nous montrer un échantillon respectable de l'univers, et que cet échantillon est homogène. (*Idem*)

Si ce principe est nécessaire à toute entreprise cosmologique, pour Gold et Bondi, il n'est pas suffisant, il faut lui adjoindre une condition temporelle.

N'importe quel système cosmologique doit encore impliquer une spéculation concernant cette dépendance [temporelle] comme une des hypothèses fondamentales. En effet, nous ne sommes pas en situation d'interpréter les observations d'objets très lointains sans une telle hypothèse, parce que la lumière que nous recevons d'eux a été émise à un moment différent sur l'échelle de temps universel, et par conséquent le processus responsable de cette émission peut ne pas nous être familier. Les systèmes cosmologiques peuvent être classés selon l'hypothèse faite explicitement ou implicitement à ce stade de l'argumentation. Tandis qu'une école de pensée considère que tous les résultats physiques de

Gold et Bondi

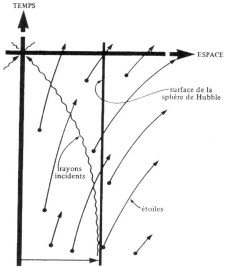

Dans un univers stationnaire, un observateur ne voit que les astres intérieurs à une sphère dite de Hubble : la lumière extragalactique ne lui provient que de sources proches de cette sphère. Dans un tel univers, le ciel est recouvert d'étoiles, mais une partie de la lumière est décalée dans l'invisible. Cette explication n'est pas valable dans un univers né du big-bang.

laboratoire sont toujours applicables, sans égard à l'état de l'univers, une autre part du principe cosmologique restreint, et, posant un nombre d'hypothèses intellectuellement satisfaisantes, aboutit à la conclusion que la physique de laboratoire est qualitativement valide en permanence, bien que certaines de ses constantes puissent être modifiées. Il y a d'autres écoles de pensée qui tentent de distinguer les constantes variables des permanentes par leurs grandeurs. Nous procéderons de façon totalement différente. Si les lois physiques ne peuvent pas être supposées indépendantes de la structure de l'univers, et si réciproquement la structure de l'univers dépend des lois physiques, il s'ensuit qu'il se peut qu'il soit stable. Nous rechercherons la possibilité que l'univers soit dans un tel état stable, un état "auto-perpétuant", sans faire d'hypothèses quelconques quant aux traits particuliers qui conduisent à cette stabilité. Nous considérerons les raisons de considérer cette possibilité comme très convaincantes, parce que c'est seulement dans un tel univers qu'il y a quelques bases pour l'hypothèse de la constance des lois de la physique, et parce que sans une telle hypothèse notre connaissance, dérivée en pratique d'un moment du temps, doit être tout à fait inadaptée à une interprétation de l'univers et de la dépendance de ses lois sur sa structure, et donc inadaptée à toute extrapolation dans le futur ou dans le passé. Notre démarche est donc caractérisée non seulement par le principe cosmologique habituel mais par son extension qui est obtenue en supposant que l'univers est non seulement homogène, mais également

La cosmologie contemporaine

stationnaire à grande échelle. Cette combinaison du principe cosmologique usuel et du postulat de la stationnarité est ce que nous appellerons le *principe cosmologique parfait*, et toutes nos discussions seront fondées sur lui. [...] Nous n'affirmons pas que ce principe est vrai, mais nous disons que, s'il n'est pas retenu, ce choix de la variabilité des lois physiques à des conséquences si importantes que la cosmologie n'est plus très longtemps une science. On ne peut pas très longtemps utiliser la physique de laboratoire sans recourir pour leur extrapolation à quelque principe arbitraire. Mais si le principe cosmologique parfait est satisfait dans notre univers, alors nous pouvons avoir confiance en la validité permanente de toutes nos expériences et observations, et explorer les conséquences du principe. (Gold et Bondi, *The Steady-State Theory...*)

Ainsi l'univers de Gold et Bondi doit être stationnaire, et donc garder la même densité, mais l'observation laisse entendre qu'il est en expansion, si l'on veut concilier ces deux conditions, en apparence contradictoires, il faut imaginer une création continue de matière qui compense l'expansion.

Nous entreprenons maintenant de considérer certains détails du processus physique de création. La discussion doit être nécessairement quelque peu spéculative, mais certaines déductions peuvent être faites pour limiter l'éventail des possibilités. Le taux moyen de création est déterminé par le taux d'expansion et par la densité de l'univers, et ce taux de création est approximativement de 10^{-43} gramme par seconde et par centimètre cube. Nous devons maintenant discuter comment ce taux de création est distribué dans l'espace. Sera-t-il approximativement le même partout ou sera-t-il beaucoup plus grand dans certaines régions que dans d'autres ? En particulier, devra-t-il être aussi concentré que l'est la matière existante (auquel cas sera-t-il encore approprié de parler de création par unité de masse et unité de temps) ? La réponse à ces questions est intimement liée à la théorie de l'évolution. Il y a, approximativement parlant, actuellement deux écoles de pensée en cette matière :

1 – Certains astronomes pensent que la ligne principale d'évolution est centrifuge. Par exemple, ils considèrent que les nébuleuses s'échappent des amas et forment ainsi le champ général, que les étoiles éjectent beaucoup plus de matière qu'elles en accrètent,

Gold et Bondi

si bien que l'espace interstellaire est alimenté principalement par la matière qui était d'abord stellaire, etc.

II – D'autres astronomes considèrent que l'évolution centripète est prédominante. Selon leurs vues, l'accrétion est beaucoup plus importante pour l'évolution stellaire que l'éjection de matière par les étoiles. Ils considèrent la condensation progressive des étoiles dans la matière interstellaire (qui constitue la majeure partie de la masse d'une nébuleuse) comme le processus principal de l'évolution nébulaire, etc.

Il est clair maintenant, à partir de la discussion de la section 1, que pour assurer la stationnarité de l'univers, la matière nouvelle doit être créée sous la forme à partir de laquelle commence l'évolution. Car, si l'évolution entraîne la matière d'un état A à un état B, alors la proportion de matière dans l'état A diminuera à moins que de la matière nouvelle soit créée dans l'état A. Par conséquent, la création de matière doit démarrer dès le commencement de la chaîne évolutionniste pour réapprovisionner le réservoir qui autrement se tarirait. (*Idem*)

Il faut donc choisir entre les deux points de vue évolutionnistes en présence. Pour Gold et Bondi, le premier point de vue est insoutenable : le taux d'éjection de matière stellaire nécessaire pour former de nouvelles galaxies leur semble incompatible avec les données observationnelles d'explosions d'étoiles (novae et supernovae).

Cette conclusion est si absurde que nous la prenons pour preuve que le taux de création par unité de volume et par unité de temps est approximativement constant et que l'évolution est principalement centripète. Il doit être clairement entendu qu'une certaine variation du taux de création est toujours permise, il est seulement nécessaire que beaucoup plus de matière soit créée dans l'espace que dans les étoiles. Par conséquent, nous supposons que le taux de création est en tous lieux environ 10^{-43} gramme par seconde et par centimètre cube, bien que les variations, disons d'un facteur 100, soient tout à fait admissibles. Ce taux correspond à un nouvel atome d'hydrogène par mètre cube et par 3×10^5 ans. Nous ne pouvons donc pas espérer que le processus soit directement observable. (*Idem*)

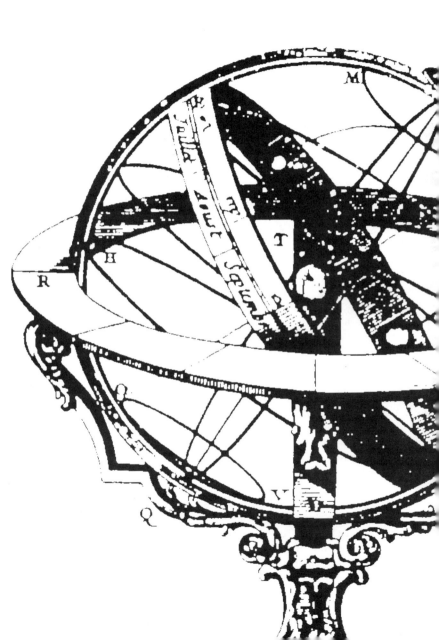

Annexes

PenSer
L'Univers

Sources

I. Cosmogonies mythiques

Égypte, Sumer, Akkad et Israël,
   La Naissance du Monde,
   traductions : Egypte,
   S. Sauneron et J. Yoyotte ;
   Sumer, M. Lambert ; Akkad,
   P. Garelli et M. Leibovici ;
   Israël, J. Bottero, Sources
   orientales, Le Seuil, 1959.
Hésiode,
   Théogonie, traduction
   P. Mazon, Les Belles Lettres,
   1928.

II. Les présocratiques

Les Présocratiques, traduction
   J.-P. Dumont et D. Delattre,
   Bibliothèque de la Pléiade,
   Gallimard, 1988.

III. La science grecque

Platon,
   Timée, traduction A. Rivaud,
   Les Belles Lettres, 1925,
   revue par A. Diès.
Aristote,
   Du ciel, traduction P. Moraux,
   Les Belles Lettres, 1965,
   revue par P. Kucharski.
   La Métaphysique, traduction
   J. Tricot, Vrin, 1953.
   Physique, traduction
   H. Carteron, Les Belles
   Lettres, 1926.
Les stoïciens,
   Les Stoïciens, traduction
   E. Bréhier, Bibliothèque de
   la Pléiade, Gallimard, 1962.
Lucrèce,
   De la nature, traduction
   A. Ernout, Les Belles Lettres,
   1966.

IV. Le Moyen Âge

Thâbit ibn Qurra,
   Œuvres d'astronomie,
   traduction R. Morelon,
   Les Belles Lettres,
   1987.
Giovanni Dondi,
   Astrarium, traduction
   E. Poulle, Les Belles Lettres,
   1987.

V. La Renaissance

Copernic,
> *Commentariolus,* traduction H. Hugonnard-Roche et J.-P. Verdet, Librairie scientifique Blanchard, 1975.
> *De revolutionibus,* traduction M. Lerner, A. Segonds et J.-P. Verdet, Les Belles Lettres, 1998.

Kepler,
> *Le Secret du monde,* traduction A. Segonds, Les Belles Lettres, 1984.

Descartes,
> *Le Monde,* 1664, translation en français moderne par J.-P. Verdet.

VI. La science classique

Newton,
> *Principia,* 1687, traduction J.-P. Verdet.

Wright,
> *Une théorie originale de l'Univers,* 1750, traduction J.-P. Verdet.

Kant,
> *Histoire générale de la nature et théorie du ciel,* 1755, traduction Ch. Wolf, Les Hypothèses cosmogoniques, Gauthier-Villars, 1886.

Lambert J.-H.,
> *Lettres cosmologiques sur l'organisation de l'Univers,* écrites en 1761, traduction A. Darquier, Gerard Hulst van Keulen, Amsterdam, 1801 (reprint Editions A. Brieux, Paris, 1977).

VII. Cosmologie contemporaine

Einstein,
> *Sur le problème cosmologique,* 1931, traduction J. Eisenstaedt.
> *Œuvres choisies d'Albert Einstein, Relativités II,* Le Seuil, 1993.

Gold et Bondi
> « The Steady-State Theory of Expanding Universe », Hermann Bondi and Thomas Gold, *Monthly Notices of the Royal Astronomical Society,* n°108, pp. 252-270, 1948, traduction J.-P. Verdet.

Lemaître
> *L'Hypothèse de l'atome primitif,* Éditions Culture et Civilisation, Bruxelles, 1972.

Bibliographie

Textes

ARISTOTE, *Du ciel*, Les Belles Lettres, 1965.
ARISTOTE, *Métaphysique*, Vrin, 1953.
ARISTOTE, *Physique*, Les Belles Lettres, 1966.
COPERNIC, Nicolas, *De revolutionibus de Nicolas Copernic*, texte latin, traduction, notes et commentaires par M. Lerner, A. Segonds et J.-P. Verdet, 3 vol., Les Belles Lettres, 1998.
DESCARTES, René, *Le Monde et l'Homme*, édition critique commentée et annotée par A. Bitbol-Hespériès et J.-P. Verdet, Paris, Le Seuil, 1996.
DONDI, Giovanni, *Astrarium*, traduction Emmanuel Poulle, Edizioni I+I, Padoue et Les Belles Lettres, Paris, 1987.
ÉGYPTE, SUMER, AKKAD ET ISRAËL, in *La Naissance du monde*, Sources orientales, Le Seuil, 1959.
EINSTEIN, Albert, *Œuvres choisies*, traduction française, sous la direction de F. Balibar, Le Seuil-CNRS, 1989-1993.
EINSTEIN, Albert, *Sur le problème cosmologique*, Albert Einstein, *Œuvres choisies, 3, Relativités II*, Le Seuil, 1993.
HÉSIODE, *Théogonie*, Les Belles Lettres, 1972.
KEPLER, Jean, *Le Secret du monde*, traduction et commentaire par Alain Segonds, Paris, 1984.
LAMBERT, J.-H., *Lettres cosmologiques sur l'organisation de l'Univers*, Éditions Alain Brieux, Paris, 1977, fac-similé de l'édition de 1801, Amsterdam, chez Gérard Hulst van Keulen.
LEMAÎTRE, Georges, *L'Hypothèse de l'atome primitif*, Éditions Culture et Civilisation, Bruxelles, 1972, fac-similé de l'édition de Neuchâtel, éditions du Griffon.
LUCRÈCE, *De la nature*, Les Belles Lettres, 1966.
NEWTON, Isaac, *Philosophiae Naturalis Principia Mathematica*, The Third Edition (1726) with variant readings, Assembled and Edited by Alexandre Koyré and Bernard Cohen with the assistance of Anne Whitman, Cambridge University Press, 1972 (2 volumes).
PLATON, *Œuvres complètes*, traduction L. Robin et J. Moreau, tome II, Bibliothèque de la Pléiade, Gallimard, Paris, 1969.
PLATON, *Timée-Critias*, traduction L. Brisson et M. Patillon, Garnier-Flammarion, Paris, 1992.
PLATON, *Timée*, Les Belles Lettres, 1970.
LES PRÉSOCRATIQUES, La Pléiade, Gallimard, 1988
LES STOÏCIENS, La Pléiade, Gallimard, 1962.
THÂBIT IBN QURRA, *Œuvres d'astronomie*, traduction R. Morelon, Les Belles Lettres, Paris, 1987.
WRIGHT, Thomas, *An Original Theory or New Hypothesis of the Universe*, fac-similé édité par M. A. Hoskin, Londres, 1971.

Annexes

Études

AITON, E. J., *The Vortex Theory of Planetary Motions*, Macdonald, 1972.

BARTHÉLÉMY, G., *Newton mécanicien du cosmos*, Vrin, Paris, 1992.

BEAUFRET, J., *Parménide, Le Poème*, PUF, Paris, 1955.

BOLLACK, J., *Empédocle*, Editions de Minuit, Paris, 1965.

BOLLACK, J., ET WISMANN H., *Héraclite ou la séparation*, Editions de Minuit, Paris, 1972.

BRISSON, L., Platon, *Timée-Critias*, GF-Flammarion, Paris, 1992.

BRISSON, L., WALTER F. MEYERSTEIN, *Inventer l'Univers*, Les Belles Lettres, Paris, 1991.

CLAVELIN, M., *La Philosophie naturelle de Galilée*, Armand Colin, Paris, 1968 (le chapitre I de ce livre consacré à Galilée contient une des meilleures introductions à la théorie aristotélicienne du mouvement).

DREYER, J. L. E., *A History of Astronomie from Thales to Kepler*, Dover, New York, 1953.

DUHEM, P., *Le Système du monde*, 10 vol., Hermann, Paris, 1913-1959.

HAMELIN, O., *Le Système d'Aristote*, Paris, 1920 (réimpression chez Vrin, 1985).

HUGONNARD-ROCHE, H., ROSEN, E. ET VERDET, J.-P., *Introductions à l'astronomie de Copernic, le Commentariolus de Copernic, la Narratio prima de Rheticus*, Éditions A. Blanchard, Paris, 1975.

KANT, E., *Histoire générale de la nature et Théorie du ciel* (1755), traduction Anne-Marie Roviello, avec une introduction de Jean Seidengart et une postface de Pierre Kerszberg, Librairie philosophique Vrin, Paris, 1984.

KIRK, G. S., RAVEN, J. E., SCHOFIELD, M., *Les Philosophes présocratiques*, Éditions Universitaires de Fribourg-Cerf, 1995.

KŒSTLER, A., *Les Somnambules*, Calmann-Lévy, Paris, 1960.

KOYRÉ, A., *Etudes newtoniennes*, Gallimard, Paris, 1968.

KOYRÉ, A., *Du monde clos à l'Univers infini*, Gallimard, Paris, 1973.

KOYRÉ, A., *La Révolution astronomique. Copernic, Kepler, Borelli*, Paris, Hermann, 1961.

MACH, E., *La Mécanique*, traduction Émile Bertrand, Hermann, Paris, 1904.

MANSION, A., *Introduction à la physique aristotélicienne*, 2e éd., Louvain/Paris, 1945.

MERLEAU-PONTY, J., *Cosmologie du xxe siècle*, Gallimard, Paris, 1965.

MERLEAU-PONTY, J., *Einstein*, Flammarion, 1993.

MERLEAU-PONTY, J., *La Science de l'Univers à l'âge du positivisme*, Vrin, Paris, 1983.

PÉPIN, J., *Théologie cosmique et théologie chrétienne*, PUF, Paris, 1964.

PERLS, H., *Platon et sa conception du kosmos*, 2 vol., New York, 1945.

POINCARÉ, H., *Leçons sur les hypothèses cosmogoniques*, Paris, 1911 ; 2e éd., 1913.

ROBIN, L., *La Pensée grecque et les origines de l'esprit scientifique*, Albin Michel, Paris, 1973.

SIMON, G., *Kepler, astronome, astrologue*, Gallimard, Paris, 1979.

VAN DER WAERDEN, B.L., *Science Awakening, II, The Birth of Astronomy*, Oxford University Press, New York, 1974.

VERDET, J.-P., *Une histoire de l'astronomie*, Le Seuil, Paris, 1990.

VERDET, J.-P., *Textes essentiels : Astronomie et astrophysique*, Larousse, Paris, 1993.

Chronologie

Dates	Repères historiques	Philosophie et Sciences
– 3500	Apparition de l'écriture	
– 2720	Début de l'Ancien Empire d'Égypte	Notions de géométrie d'arpentage
– 2695	Pyramide de Khéops	Notions d'arithmétique et d'astronomie en Chine
– 1800	Babylone, dynastie Hammourabi	Premières tablettes arithmétiques Papyrus Kuhn, géométrie égyptienne
– 1650		Papyrus Rhind, arithmétique et géométrie
– 1580	Nouvel Empire d'Égypte	Papyrus Smith, observations astronomiques, médecine
– 752	Fondation de Rome	
v. – 650		*Théogonie* d'Hésiode
v. – 625	Naissance de Thalès École ionienne	
– 584	Naissance de Pythagore	Éclipse de soleil, soi-disant observée par Thalès
v. – 570	Eschyle : *Les Perses*	
– 472	Sophocle : *Antigone*	Empédocle : les 4 éléments
– 443		Leucippe et Démocrite, premier atomisme
– 400		Archytas, inventions techniques
– 387	Platon fonde l'Académie	
v. – 370		Eudoxe, mouvements des planètes
– 356		*Timée* de Platon
– 336	Avènement d'Alexandre	
– 335	Aristote fonde le Lycée	Héraclide du Pont : rotation de la terre
– 306	École épicurienne : « le jardin »	
v. – 300	Zénon fonde le Portique	Euclide : *Les Éléments*
– 281		Aristarque : système héliocentrique
v. – 250		Ératosthène : mesure de la terre

Annexes

Dates	Repères historiques	Philosophie et Sciences
− 145	Destruction de Carthage	Origine de la trigonométrie, Hipparque découvre la précession des équinoxes
− 58	Consulat de César	
v. − 50		*De natura rerum* de Lucrèce
− 44		*Académiques* de Cicéron
+ 50	Naissance de Plutarque	Construction du pont du Gard
135	Diaspora des Juifs	
v. 140		*Almageste* de Ptolémée
179		*Les Stromates* de Clément d'Alexandrie
330	Byzance prend le nom de Constantinople	
v. 370		Géométrie de Théon d'Alexandrie
v. 440		Proclus : *commentaire sur le Timée*
481	Clovis, roi des Francs	
622	Hégire : fuite de Mahomet à Médine	
711	L'Espagne, dépendance du califat de Damas	
735		Mort de Bède le Vénérable
v. 750		Traduction en arabe des Tables indiennes
800	Charlemagne, empereur d'Occident	
832	Al-Mamûm fonde, à Bagdad, la Maison de la sagesse	Début des traductions d'ouvrages grecs en arabe et en syriaque
845		Jean Scot Érigène arrive à la cour de Charles le Chauve
v. 875		Mort d'al-Kindî
v. 900		Mort de Thâbit ibn Qurra
980	Naissance d'Avicenne	
997		Voyage d'al-Bîrunî aux Indes

Chronologie

Dates	Repères historiques	Philosophie et Sciences
999	Gerbert d'Aurillac, mathématicien, devient pape sous le nom de Sylvestre II	
v. 1120	Création de l'Université de Paris Translations latines de nombreux textes	Traduction latine des Tables de al-Khwârizmî par Adélard de Bath, arithmétiques arabes par Jean de Séville
1126	Naissance d'Averroès, à Cordoue	Début de l'école de Tolède
v. 1130	Création de l'Université d'Oxford	
v. 1170		*Theorica planetarum* de Gérard
v. 1240		*Tractatus de sphera* par Jean de Sacrobosco
v. 1250	Fondation de la Sorbonne	Établissement des Tables alphonsines
1339	Début de la guerre de Cent Ans	*Traité d'astronomie* de Lévi ben Gerson Horloge astronomique de R. de Wallinford
v. 1370		*Astrarium* de G. Dondi
1453	Prise de Constantinople	Traduction latine de l'*Almageste* de Ptolémée par Georges de Trébizonde
1472	Imprimerie de la Sorbonne	Première édition d'un livre d'astronomie, *Le Traité de la sphère* de Sacrobosco
1492	Christophe Colomb atteint l'Amérique	
1500	Retour de Vasco de Gama au Portugal	
v. 1510		Copernic : le premier texte héliocentriste, le *Commentariolus*
1540		Rheticus : *Narratio prima*, résumé des thèses de Copernic

Annexes

Dates	Repères historiques	Philosophie et Sciences
1543	Mort de Copernic	Publication du *De revolutionibus* de Copernic ; publication du *De humani corporis fabrica* de Vésale
1572		Tycho Brahe observe une nova
1582	Réforme grégorienne du calendrier	
1594		Galilée : expériences sur la chute des corps
1596		Kepler : *Le Secret du monde*
1600	Supplice de Giordano Bruno	
1606	Cervantès : *Don Quichotte*	Kepler : *De stella nova*, à propos de l'étoile nouvelle de 1604
1610	Assassinat d'Henri IV	Galilée observe les satellites de Jupiter
1611		Premières observations des taches solaires
v. 1630		Descartes : *Traité du Monde*
1632	Rembrand peint *La Leçon d'anatomie*	Galilée : *Dialogue sur les deux grands systèmes du monde*
1633	Procès et abjuration de Galilée	
1637		Descartes : *Discours de la méthode*
1643	Naissance de Louis XIV	
1647		Hevelius publie une carte de la Lune
1655	Huygens utilise le pendule pour réguler les horloges à poids	
1676		Römer découvre la finitude de la vitesse de la lumière
1682	Avènement de Pierre le Grand	Passage de la comète de Halley
1687		Newton publie les *Principia mathematica*

Chronologie

Dates	Repères historiques	Philosophie et Sciences
1690	Locke : *Essai sur l'entendement humain* *Discours sur la pesanteur*	Huygens publie son *Traité de la lumière*. Denis Papin : machine élévatoire à vapeur
1715	Mort de Louis XIV	Le thermomètre à alcool et à mercure de Fahrenheit
1738	Condamnation des francs-maçons par Clément XII	Voltaire publie ses *Éléments de la philosophie de Newton*
1750	J.-J. Rousseau : *Discours sur les sciences et sur les arts* *L'Encyclopédie*	Thomas Wright : *Théorie originale sur une nouvelle hypothèse de l'univers*
1755		Kant : *Histoire générale de la nature et théorie du ciel* Euler : *Éléments de Calcul différentiels*
1761		*Lettres cosmologiques* de J.H. Lambert
1771		Recensement de 45 nébuleuses par Ch. Messier Début des travaux de Lavoisier
1774	Avènement de Louis XVI	W. Herschel commence ses observations
1781	Kant : *Critique de la raison pure*	Herschel découvre Uranus
1788		Lagrange : *Mécanique analytique*
1789	France : États généraux et Révolution	
1791	Mozart : *La Flûte enchantée*	Méchain et Delambre mesurent le quart du méridien terrestre
1796		Laplace : *Exposition du système du monde*
1804	France : Premier Empire	
v. 1825		N. Lobatchevski crée la première géométrie non euclidienne
1830	En France, révolution	
1846		Le Verrier découvre Neptune par le calcul

Annexes

Dates	Repères historiques	Philosophie et Sciences
1848	K. Marx et F. Engels : *Le Manifeste du parti communiste* En France, révolution	
1852	France : Second Empire	Riemann : *Théorie des fonctions d'une variable complexe*
1857	Flaubert : *Madame Bovary*	Kirchoff et Bunsen : analyse spectrale de la lumière
1867		Riemann : *Sur les hypothèses qui servent de fondements à la géométrie*
1896	Création des prix Nobel	Démonstration de TSF par Marconi
1905		Einstein : théorie de la relativité restreinte
1917	Révolution russe	W. de Sitter : théorie d'un univers vide en expansion
1918	Fin de la Première Guerre mondiale	Controverse de Sitter-Einstein
1922		A. Friedmann : théorie d'un univers non statique
1927	Découverte de la pénicilline par Fleming	G. Lemaître : un univers de masse constante et de rayon variable
1930	Crise économique aux États-Unis	Hubble interprète le rougissement du spectre des galaxies comme un effet Doppler
1931		Einstein : *Sur le problème cosmologique en théorie de la relativité générale*
1945	Victoire des Alliés sur l'Allemagne nazie	
1946	Bombe atomique sur le Japon	Lemaître : Hypothèse de l'atome primitif (théorie du big-bang)
1965		A. Penzias et R. Wilson détectent le rayonnement fossile.

Index

abîme 21, 27, 29, 30, 36
Académie 69
accélération 127
acte (existence en) 69, 70
Adélard de Bath 93
Aétius 44, 45, 55, 57, 58, 60
âge de l'univers 165, 167.
agent 77
air (élément) 42, 43, 54, 55, 58, 66, 67
Akkad 20, 23
Alhazen (Ibn al-Haytam) 94
Anaxagore 56
Anaximandre 36, 37
Anaximène 37
Anshar 24
anti-terre 48
Apeiron 39, 40
Aphrodite 32
Apollon 29
Apsou 23, 24, 25
Archytas (énigme d') 9, 49, 50, 155
Aristarque 64
Aristote 9, 10, 35, 38, 63, 103, 104
Astrarium 98, 99, 101
astrolabe 100
Athéna 29
Atlas 36
atome 57, 58, 60, 61, 79
Atoum 16, 17, 18
attraction 143
al-Battânî 94
Bède le Vénérable 93
big-bang 9, 153
al-Bîrûnî 94
Boèce 93
Bondi H. 153, 169, 171
Bruno 104
Carnot S. 153
Cassiodore 93
Chalcidius 65
chaos 14, 16, 18, 23, 29, 116, 137
Chronos 33
Chrysippe 76, 79
Cicéron 65, 79, 81
Cléanthe 76
constante cosmologique 158, 160, 164, 167
Copernic 10, 48, 70, 95, 105, 106, 107, 108, 109, 110, 111
création continue 174, 175
Cronos 29, 30, 31, 32, 33
cube 66, 113
Cyclopes 31
Cyniques 76
décalage spectral 152, 160, 163
déférent 99
Descartes 10, 104, 121, 122, 138, 140
Dilmoun 23
Diodote 81
dodécaèdre 66, 113
Doerfell G. S. 128
Dondi G. 94, 98
Doppler (effet) 152, 160, 167
doxographe 35
Ea 24
eau (élément) 36, 38, 44, 54, 55, 58, 66
éclipse 15, 45, 59, 163
écliptique 90, 97
Eddington 163
Éléates 56, 70
éléments 41, 55, 59, 66, 77, 78, 84, 97, 114, 115, 118, 119
ellipse 128
Elohim 26, 27, 28, 29
Empédocle 66
Enki 20, 21, 22, 23
Enlil 15, 20
Épictète 76
épicycle 96, 97, 99, 108

Érigène Jean Scot 93
Érinyes 32
éther 54, 55, 74, 75, 80, 151
être 51, 52, 53, 69, 70
excentrique 68, 96
expansion 10, 11, 153, 160, 161, 167, 168, 169, 174
al-Fârâbî 93
feu (élément) 36, 45, 48, 49, 54, 55, 58, 66
force 123, 124, 125, 127
forme 69, 70, 78, 119
Fourier J. 149
Galilée 10, 11, 65, 104, 123, 133
Geb 18, 20
géocentrisme 64, 89, 95, 104
géométrie euclidienne 155, 157
Gérard de Crémone 93
Gold T. 153
gravitation 122, 123, 125, 127, 129, 137, 143, 151, 163, 166
Hehou 18
héliocentrisme 48, 95, 105, 113
Héliopolis 16, 17
Héra 29
Héraclite 36, 37
Hermopolis 17, 19
Hésiode 13, 16, 29, 36, 37
Homère 13
Horus 16, 18
Hubble 152, 154, 157
Humason 152, 154
icosaèdre 66, 113
Illimité 36, 39, 40, 41, 42, 43, 47, 51, 56, 59
inertie 117, 124
Kant E. 11, 140
Kepler J. 11, 65, 103, 105,

Annexes

123, 133, 145
Khépri 16, 17
al-Kindî 93
Kishar 24
Le Verrier 151
Leibniz 130, 142
Lobatchevski 152, 155
logos (raison) 13
lunette 118, 126
Lycée 35, 69
Mach (principe de Mach) 162, 171
Maestlin M. 109
Marâgha (école de) 94
Marc-Aurèle 76
Mardouk 15, 25
matière 70, 71, 78
Mendeleïev 54
Métrodore 53
Milet 37, 43
monde cyclique 81
monde éternel 11, 23, 30, 43, 44, 52, 55, 68, 73, 74, 80
monde fini 9, 10, 75, 156
monde infini 79, 84, 85, 145, 147, 154, 155
monde sphérique 52, 72, 75, 77, 87, 88
monde, infinité des 57, 85, 86
mondes multiples 11, 59
monisme 37, 43
Multiple 36, 39, 47
Newton 103, 121, 122, 128, 137, 151
Nippour 20
noir de la nuit 145, 148
non-être 51, 52, 53, 70
Noun 16
Nout 18, 20
octaèdre 66, 113
Ogdoade 19
Olbers W. 11
orbe 70, 74, 96, 97, 98, 100, 101, 108, 109

Ouranos 15, 31, 36
Ourouk 20
Panétius de Rhodes 76
Parménide 45, 53, 56
Penzias A. 153, 170, 175
pesanteur 60
Petron 11
Platon 13, 49, 63, 110
plénitude (principe de) 142
Poe E. 146
Poincaré H. 11
Pontos 36
Portique 76
Poséidon 29
Posidonius d'Apamée 76, 78
premier mobile 70, 71, 72, 99
Principe 37, 38, 39, 41, 42, 43, 52
principe cosmologique 160, 173, 174
Ptolémée 59, 103, 104, 110
puissance (existence en) 51, 70
Pythagore 53, 110
rayonnement cosmologique 169, 170, 171
Rê 16, 17, 18, 19
réaliste 99
Rheticus J. 105
Riemann 152, 153
Saint-Office 10, 108
Schwarz H. A. 72
Semblable 69
Sénèque 76, 82
Sextus Empiricus 77
al-Shâtir 94
al-Shîrâzî 94
Shou 15, 17, 18
Sitter W. de 11, 153, 154, 159
Socrate 35, 63

sphère 72, 73
sphères armillaires 90
sublunaire 48, 75
substance 69, 70, 71, 77, 80
Sumer 20, 23
Tefnout, 17, 18
télescope 126
temps 33, 68
terre (centre du monde) 36, 53, 64, 75, 88, 90, 97
terre (comme un point) 88, 97
terre (cylindrique) 40
terre (élément) 41, 42, 44, 55, 58, 66
terre (immobile) 9, 53, 74, 75, 78, 90
terre (sphérique) 36, 88, 97, 98, 122
tétraèdre 66, 113
Thâbit ibn Qurra 93, 95, 96, 97
Thalès 36, 37, 38, 39, 53
Théophraste 35
Tiamat 15, 24, 25
Titans 29
tourbillon 59, 77, 117, 121, 122, 128
al-Tûsî 94
Un 36, 39, 42, 44, 45, 47, 52, 55, 57, 61
vide 36, 57, 59, 77, 79, 83, 84, 117, 163
Vivant 66, 67, 68
Voie lactée 132, 134, 135, 143, 144, 147
Wilson R. 153, 170
Xénophane 43, 52
Yahwéh 26, 27
Zénodore 72
Zénon d'Élée 40, 51, 80
Zénon de Cittium 76
Zeus 29

189

Table des illustrations

Couverture
Ballet cosmique, détail. Illustration de Pierre-Marie Valat.

I. Cosmogonies mythique
8. Ptolémée, gravure in Dürer, *Celestal Map*, 1515. **12.** Éclipse solaire, détail. Voir p. 15. **15.** Éclipse solaire extraite d'un traité d'astronomie écrit en hébreu par Abraham bar-Hiyya et publié en 1546 à Bâle. **16-17.** Barque des morts égyptienne. **18-19.** Cosmos égyptien : Shou, Nout et Geb. **21.** Héros nu maître des animaux, relevé d'un sceau cylindre de Mésopotamie. **22-23.** Inscription en caractères cunéiformes figurant sur une table lunaire de Babylonie. **26.** Ovide, *Métamorphoses*, la création. **29.** Flaxman, combat des Dieux et des Titans, gravure, détail. **30.** Hésiode, *Les Travaux et les jours*, détail du frontispice, 1500, Bâle. **31.** Combat des Dieux et des Titans, détail. Voir p. 29. **32.** Cronos dévorant ses enfants.

II. Les présocratiques
34. Système mixte antique, détail. Voir p. 49. **36.** La création, gravure in S. Münster, *Cosmographia*, XVIe siècle. **39.** Positions relatives de la terre, du soleil et de la Lune d'après les Grecs. **40-41.** Colonne ionique, dessin, 1875. **46.** Pythagore, bois gravé, XVIe siècle. **48.** Système mixte antique. **50.** Découverte de la voûte céleste, gravure, XIXe siècle. **54.** L'univers résultant de la combinaison des quatre éléments, gravure in Ch. de Bovelles, *Livre singulier et utile touchant l'art et practique de géometrie*, 1542, Paris. **56-57.** Système cosmologique de Démocrite, détail. **58.** Éclipse lunaire, gravure sur bois, XVe siècle. **59.** Éclipse solaire, gravure sur bois, XVe siècle. **61.** Les sections d'un cône d'après Démocrite.

III. La science grecque
62. Sphère armillaire, détail. Voir p. 90. **64.** Système cosmologique de Platon. © Observatoire de Paris. **66-67.** Les polyèdres réguliers. **68.** Représentation d'un système excentrique avec épicycles. **70-71.** Système cosmologique concentrique. **75.** La région sublunaire et le cosmos selon la cosmologie d'Aristote. **81.** Cicéron, *De la Nature des dieux*, frontispice, 1508. © BNF. **85.** Lucrèce, *De la nature des choses*, XVIIe siècle, page de titre. © Jean-Loup Charmet. **86.** Diogène Laërce, *Vies et opinions des philosophes*, 1475. © BNF. **89.** Ptolémée, gravure. **90.** Sphère armillaire géocentrique.

IV. Le moyen Age
92. Croquis par Giovanni Dondi d'une partie de son *Astrarium*. **95.** Ibn al-Shatir, système géocentrique, XIVe siècle. **98.** La rotondité de la terre selon Sacrobosco **100-101.** Ali ibn Khalaf, astrolabe, gravure.

Annexes

V. La Renaissance
102. La surface de la lune vue par Galilée, gravure, in *Sidereus nuncius*, 1610. 106-107. Copernic, *De revolutionibus*, manuscrit autographe. 108. Copernic, *Astronomica instaurata*, page de titre, 1567, Amsterdam. 110-111. Pseudo-triangles astronomiques de Kepler, in *Mysterium cosmographicum*, 1596. 112. Répartition spatiale des planètes selon Kepler, *ibid.* 114. Tourbillons de la Lune selon Descartes, in *Traité du Monde*, éd. de 1664. 117. Passage d'une comète à travers les tourbillons cartésiens. 118-119. Lunette astronomique in Descartes, *Discours de la méthode*.

VI. La science classique
120. Les nombreuses voies lactées structurant l'univers, in Thomas Wright, *An Original Theory or New Hypothesis of the Universe*, 1750. 123. Isaac Newton, les *Principia mathematica*, page de titre, e. o. 1687, Londres. © Jean-Loup Charmet. 124. Desrochers, portrait d'Isaac Newton, gravure. 126-127. Schéma optique et télescope de Newton, traité d'optique du XVIIIe siècle. 128-129 Observation d'une comète in *Prédictions nouvelles et universelles*, 1813. 130. L'orbite elliptique de la lune, gravure d'après Newton. 132. Les voies lactées, détail. Voir p. 122. 135. Structure de notre voie lactée in Thomas Wright, *An Original Theory or New Hypothesis of the Universe*, 1750. 138. Hagemann, Emmanuel Kant, caricature. 142. Seul portrait contemporain de J. H. Lambert (1768), découvert en 1980 par R. Jaquel. 144-145. Paradoxe de la forêt de Kepler. Illustration d'Alban Larousse, Gallimard. 146. Solution à l'énigme du noir de la nuit selon Edgar Poe 149. Portrait de H. Olbers, gravure.

VII. Cosmologie contemporaine
150. Ippei Okomato, Albert Einstein, caricature. © American Institute of Physics, New York. 154. Georges Lemaître, caricature d'un étudiant, 1949. Archives Lemaître. DR. 157. Croquis du télescope du mont Wilson, dessin. 158-160. Équation aux dérivées partielles de la Relativité générale. 160. Lemaître, l'évolution de l'univers, graphique. 163. Albert Einstein, caricature in *Le Rouge et le Noir*, 27 septembre 1933. 164. Dessin paru dans le *Washington Post*. 170. Schéma du rayonnement d'un corps noir à 2,8° K. 173. Bondi, l'univers stationnaire, graphique.

Annexes
176-177. Ptolémée, gravure in Dürer, *Celestal Map*, 1515, détail. Voir p. 8. 178. L'univers résultant de la combinaison des quatre éléments, gravure in Ch. de Bovelles, *Livre singulier et utile touchant l'art et practique de géometrie*, 1542, Paris. 180. Portrait de Galilée, Lausanne, 1793.

déjà parus

Vivre en Egypte ancienne
par Bernadette Menu

Les Grecs et leur monde
par Pierre Brulé

Découvertes Gallimard :
Direction Pierre Marchand
et Elisabeth de Farcy

Découvertes Texto : Direction Paule du Bouchet

Graphisme : Alain Gouessant et Hélène Arnaud
Fabrication : Claude Cinquin
Promotion-Presse : Valérie Tolstoï
Edition : Béatrice Peyret-Vignals
Maquette : Jérémie le Rolland
Iconographie : Emilie de Lanzac
Lecture-Correction : Pierre Granet et Catherine Lévine.